Schriften des deutschen Vereins

für

Armenpflege und Wohlthätigkeit.

Siebenunddreißigstes Heft.

Hilfe in außerordentlichen Notständen. Von Sanitätsrat Dr. Oswald Baer (Hirschberg i. Schl.) und Regierungsrat E. Falch (Stuttgart).

Leipzig,
Verlag von Duncker & Humblot.
1898.

Hilfe in außerordentlichen Notständen.

Bericht
über den Notstand im Riesengebirge nach dem Hochwasser vom 30. Juli 1897 und die dabei entwickelte Hilfsthätigkeit.

Von

Dr. Oswald Baer,
Königl. Sanitätsrat in Hirschberg in Schl.

Hilfe in außerordentlichen Notständen.

Bericht
von

E. Falch,
Regierungsrat in Stuttgart.

Leipzig,
Verlag von Duncker & Humblot.
1898.

Alle Rechte vorbehalten.

Pierer'sche Hofbuchdruckerei Stephan Geibel & Co. in Altenburg.

Hilfe in außerordentlichen Notständen.

Bericht über den Notstand im Riesengebirge nach dem Hochwasser vom 30. Juli 1897 und die dabei entwickelte Hilfsthätigkeit.

Von

Dr. Oswald Baer,

Königl. Sanitätsrat zu Hirschberg i. Schl.

Von seiten des „Deutschen Vereins für Armenpflege und Wohlthätigkeit" ist mir das Korreferat über das Thema:

„Hilfe in außerordentlichen Notständen"

zugeteilt worden. Ich habe diese Aufgabe erst übernommen, als ich erfuhr, daß die Berichterstattung in den Händen des Herrn Regierungsrates Falch in Stuttgart liege, dem die genaueste Kenntnis der vorjährigen schwäbischen Wassersnot zu Gebote steht, und daß es erwünscht sei, bei der in Aussicht genommenen schriftlichen Berichterstattung und mündlichen Besprechung auch die fast gleichzeitigen schlesischen Erfahrungen erörtert zu sehen, da diese sehr wohl als Material für das allgemeine Thema der außerordentlichen Notstände, zu denen auch Feuersbrunst, Wirbelstürme und andere verderbliche Naturereignisse zu zählen sind, verwertet zu werden verdienen.

Doch mußte ich von dem Vorstande eine Beschränkung meiner Aufgabe erbitten, die mir bei der Kürze der Zeit und auch aus anderen persönlichen Gründen gerechtfertigt erschien. Unser Hochwasser vom 30. Juli 1897 erstreckte sich ja bekanntlich über einen großen Teil von Schlesien und Böhmen. Da es sich aber, falls ich die Zwecke des Vereins richtig auffasse, keineswegs um genaue statistische Ermittelungen über den ganzen Umfang des Schadens und die in allen Bezirken entwickelte Thätigkeit handelt, da ferner das Schadengebiet keine ganz scharfe Grenze hat, sondern allmählich abklingt, da ferner es sehr schwer gewesen wäre, aus dem österreichischen Anteil ebenso genaue und mit den unseren vergleichbare Berichte zu erhalten, so glaubte ich meine Ausführungen auf einen kleinen bestimmten Bezirk beschränken zu dürfen, der alle Erscheinungen in vollster Prägnanz bietet und gleichsam als Paradigma bienen mag. Und es erschien mir vorteilhaft, hierfür den Kreis Hirschberg zu wählen, weil dieses politisch begrenzte Gebiet beinahe auch geographisch mit dem deutschen Anteil des Riesengebirges, wo der Haupttherd der Katastrophe lag, zusammenfällt und weil in solchem Bezirk auch die Thätigkeit der Kommunal=, Kreis=, Provinzial= und staatlichen Behörden nach vorliegenden amtlichen Berichten am besten zu übersehen ist. Der Vorstand stimmte diesen Erwägungen bei und gestattete, daß mein Korreferat im wesentlichen den Charakter einer Monographie über den Notstand im Riesengebirge nach dem Hochwasser am 30. Juli 1897 tragen dürfe.

I.

Das Gebiet der Hochwasserkatastrophe am 30. Juli 1897.

Zwischen dem oberen Lauf der Oder und Elbe, also politisch zwischen Preußisch=Schlesien einerseits und Mähren, Österreichisch=Schlesien und Böhmen andrerseits erstrecken sich die Sudeten, ein Gebirgszug, der im ganzen jenen Flüssen parallel läuft und demnach eine Längsrichtung von Südost nach Nordwest nimmt. Er bildet verschiedene Gebirgsgruppen und läßt sich im allgemeinen in einen Ostflügel und einen Westflügel unterscheiden, die durch die Grafschaft Glatz voneinander getrennt werden. Wir haben es hier mit dem Westflügel zu thun, der eine besondere Neigung zur Bildung von parallelen Kämmen zeigt. So geht, im Südost angefangen, das an der Glatzer Neiße beginnende Eulengebirge über in das Waldenburger Gebirge und dieses wieder in das Boberkatzbachgebirge, während weiter südlich gelegen das Heuscheuergebirge sich fortsetzt ins Riesengebirge und dieses ins Isergebirge. Den Kernpunkt des ganzen Zuges bildet das Riesengebirge, sowohl durch seine absolute Höhe, wie durch seine reiche Gliederung. Es bildet in sich selber mächtige Parallelkämme, von denen wieder beträchtliche Seitenkämme ausgehen, es trägt auf seinem Rücken ausgedehnte Hochplateaus, es reicht in die baumlose Zone hinein und bleibt mit seinen Spitzen nur wenig unter der Grenze des ewigen Schnees, es erfreut sich einer besonders reichen Flora, in welche eine Menge alpiner Pflanzen gemischt sind, und nimmt somit unter allen deutschen Mittelgebirgen die hervorragendste Stellung ein. Manche geologische Bildung hat es mit den Alpen gemeinsam, und auch in meteorologischer Beziehung spielen sich hier Vorgänge ab, die gleich kräftig ausgesprochen erst wieder südlich der Donau auftreten, so z. B. der Föhn, der hier alle Jahre mehrfach beobachtet wird.

Über die Höhenverhältnisse der einzelnen Gebirgsgruppen in den westlichen Sudeten kann man sich am besten durch einzelne runde Zahlen orientieren, welche die Höhen der Hauptkämme angeben:

Eulengebirge 1010 m,
Heuscheuer 930 m,

Waldenburger Gebirge 900 m,
Boberkatzbachgebirge 720 m,
Isergebirge 1120 m,
Riesengebirge, Kamm, 1400 m (Schneekoppe 1604 m).

Es ist erklärlich, daß eine Gebirgskette von so beträchtlicher Erhebung und einer Länge von etwa 35 Meilen oder 260 km auf die meteorologischen Vorgänge den größten Einfluß ausüben muß, zumal auch die Richtung des ganzen Zuges von Südost nach Nordwest ihn zu einer Wetterscheide ersten Ranges stempelt. Denn er scheidet so den ganzen Westen Europas nördlich der Alpen, der unter dem Einfluß des Feuchtigkeit und Wärme bringenden Atlantischen Ozeans steht, von dem trocknen Osten und Norden, der in den weiten Ebenen Rußlands ein kontinentales Klima zeigt. Was geschieht nun, wenn, wie es überwiegend häufig vorkommt, im Luftmeer sich eine Bewegung von Südwest nach Nordost geltend macht?

Die warme feuchte Luft muß auf der österreichischen Seite an der Südwestböschung des Gebirges emporsteigen, sie kommt dadurch in eine Region niederen Barometerdrucks und größerer Kälte (denn die Temperatur nimmt mit der Höhe stetig, auf 100 m etwa 0,5°, ab), beides Momente, welche die Feuchtigkeitskapacität der Luft verringern und demgemäß zu Niederschlägen Veranlassung geben. So sehen wir denn, daß die jährliche Regenmenge in unserem Gebirge viel größer ist als in der benachbarten Ebene[1]. Auf der Schneekoppe mit einer mittleren Jahrestemperatur von — 0,1° C beträgt die durchschnittliche jährliche Niederschlagsmenge 1242 mm, in Breslau dagegen (Jahrestemperatur 8,3° C) nur 588 mm. Und auf manchen Punkten der österreichischen Abdachung steigt die Niederschlagsmenge sogar bis 1402 mm (Friedrichsthal).

Leider sind diese großen Wassermassen, die im Laufe eines Jahres niederfallen, zeitlich recht ungleich verteilt. Regenperioden wechseln ab mit Zeiträumen trocknen Wetters. Und an großen Reservoiren, welche die Niederschläge zurückhalten und allmählich entweichen lassen, fehlt es fast ganz. In den Alpen dienen diesem Zweck hauptsächlich die Gletscher, die in der warmen Jahreszeit eine gleichmäßige Füllung der Bäche erzeugen, und wohl auch die großen Seen. Von solchen regulierenden Einrichtungen sind in den Sudeten nur Spuren vorhanden. Der Schnee, der den ganzen Winter hindurch das Gebirge in beträchtlicher Höhe bedeckt, schmilzt schon in den ersten Frühlingswochen von unten herauf, und es giebt nur wenige Sommer, wo der Firn in den nordwärts gerichteten Schneegruben, durch höhlenartige Klüfte geschützt, in einzelnen kleinen Resten von Winter zu Winter überdauert. Die kleinen Bergseen der Koppenteiche sind irrelevant; viel besser wirken noch auf die Zurückhaltung der Feuchtigkeit, wie Schwämme, einzelne ausgedehnte Moore auf den Hochplateaus, aber auch deren Thätigkeit ist in neuerer Zeit immer mehr durch im Forstinteresse gezogene Entwässerungs-

---

[1] Diese Angaben sind dem vortrefflichen Buche von Professor Josef Partsch „Schlesien" Breslau 1896 entnommen.

gräben lahmgelegt. So sind denn in den Sudeten die natürlichen Bedingungen zur Entstehung von Hochwässern reichlich gegeben.

Die natürlichen Ventile für diese Gefahr sind die Bäche und Flüsse. Wir hatten vorhin gesehen, daß der westliche Teil der Sudeten eine Neigung zur Bildung von Parallelkämmen zeigt. Wir können also, wenn wir uns als Schlesier in das große Hauptthal der Oder gestellt denken, eine Vorgebirgskette und eine Hauptgebirgskette unterscheiden. Es wird demgemäß Bäche geben, welche nur aus dem Vorgebirge die Niederschläge der Oder zuführen, und solche, welche aus dem Haupt- oder Hochgebirge kommen und also das Vorgebirge durchbrechen müssen. Die letzteren kommen hier hauptsächlich in Betracht: Die Glatzer Neiße, der Bober, der Queis und die Lausitzer Neiße. Von den übrigen Bächen zweiter Ordnung will ich nur erwähnen die Katzbach, die mit ihrem ziemlich gleichwertigen Nebenflusse, der Wütenden Neiße, durch ihr schnelles Anschwellen bei Wolkenbrüchen einen historischen Ruf erlangt und in der Schlacht am 26. August 1813 als Blüchers Bundesgenossin vielleicht zur günstigen Wendung der Geschicke unsers Vaterlandes mit beigetragen hat.

Nachdem wir so das Hochwassergebiet ganz im allgemeinen betrachtet haben, wollen wir nun einen genaueren Einblick in die Verhältnisse des Riesengebirges, und speciell des Hirschberger Thales oder, politisch genommen, des Kreises Hirschberg zu gewinnen suchen.

Der Begriff des Riesengebirges steht nicht ganz fest. Soweit nur der deutsche Anteil in Betracht kommt, kann man sagen, daß es, wie von einer Gabel, umschlossen wird vom Bober und vom Zacken. Zwischen dem Sattel, der es im Südosten am Boberursprung mit dem übrigen Teil der Sudeten (Rehorngebirge) bei Schatzlar, und der Senkung, die es im Nordwesten an der Zackenquelle beim Forsthaus Jakobsthal mit dem Jsergebirge verbindet, erstreckt es sich in einer Länge von 30 km. Im allgemeinen fällt die politische Grenze zwischen Deutschland und Österreich mit der Wasserscheide zwischen Oder und Elbe zusammen; nur einen dem Elbgebiet zugehörigen Zipfel südlich vom hohen Jserkamm zwischen der Milmitz und der großen Jser bis zur Tafelfichte hat nach den friedericianischen Kriegen das Vorrecht des Stärkeren noch der preußischen Krone zugewiesen. Auch der Kreis Hirschberg beschränkt sich nicht auf das eigentliche Riesengebirge, sondern greift noch ein beträchtliches Stück in das benachbarte Jsergebirge hinein, überschreitet auch den Bober und findet seine Grenze etwa 7,5 km nördlich von Hirschberg auf den Höhen des Boberkatzbachgebirges. Der Flächeninhalt des Kreises beträgt 10,87 geographische Quadratmeilen = 612 qkm, seine Länge von Westen nach Osten 41 km, seine Breite von Norden nach Süden 26 km. Ihn bewohnten im Jahre 1895 72734 Seelen. Das Riesengebirge, zumeist aus Urgestein, namentlich Granit (oder genauer Granitit) bestehend, hat unter allen Teilen der Sudeten die ausgesprochenste Neigung zur Bildung von Längskämmen; und unter diesen können wir einen als Hauptkamm ausscheiden, der auf deutscher Seite allein in Betracht kommt.

Dieser Hauptkamm umschließt in einem weiten Halbkreise vom Osten bis fast in den Westen das Hirschberger Thal, das einen Kessel von 2—3 Meilen Durchmesser bildet. Er beginnt dort im Osten, wo der

Bober zwischen ihm und dem Boberkatzbachgebirge hereinbricht, streicht als Landeshuter Kamm, in den Friesensteinen gipfelnd, von Nord nach Süd bis zur Schmiedeberger Einsenkung, geht dann als Schmiedeberger Kamm in mehr westlicher Richtung weiter und führt zum Koppenkegel, mit dem der Riesengebirgskamm im allerengsten Sinne beginnt. Dieser zieht in fast gerader Richtung, 2 Meilen lang, nach WNW bis zu seinem letzten Hauptgipfel, dem Reifträger.

Dieser eigentliche Hochgebirgskamm hat eine durchschnittliche Höhe von 1400 m, über die der Kegel der Schneekoppe noch 200 m emporragt. Die anderen Erhebungen treten weniger hervor, sobaß seine Kontur, vom Thal aus gesehen, eine sanfte Wellenlinie bildet, und der Wanderer da oben auf bequemen Promenadenwegen ohne Anstrengung von einem Ende zum andern marschieren kann. Nur gerade in der Mitte findet sich eine tiefere Einsenkung, die in der sogenannten Mädelwiese bis auf 1180 m herabgeht.

Die Symmetrie im Aufbau des Gebirges, die durch diese Teilung jedem in die Augen fällt, kann das kundige Auge noch viel weiter verfolgen. Koppe und Reifträger erscheinen dann als Eckpfeiler, beide aus der Kammreihe etwas vorspringend und von ihr durch ein tiefeingeschnittenes Thal (Melzer Grund, Reifträgerloch) getrennt. Auf jedem Flügel, in der Nähe dieser Eckpfeiler, entwickelt sich ein mooriges Hochplateau, das, nach Süden geneigt, den beiden Hauptquellbächen der Elbe, dem Weißwasser und dem Elbseifen, gleichsam die nährende Mutterbrust reicht. An beiden Flügeln zeigen sich homologe Bergformen, ja sogar die ganz eigentümlichen Cirkusthäler, welche in das Massiv des Kammes auf der Nordseite sich 400 bis 600 m tief eingraben, wiederholen sich auf jedem Flügel mit frappanter Ähnlichkeit und bilden im Westen die Schneegruben, im Osten die Koppenteiche.

Das eigentliche Hochgebirge eignet sich nur zur Forstwirtschaft und ist daher durchweg mit Wald bedeckt. Aber der Forst steigt nicht bis zum Kamm empor; dieser ist vielmehr baumlos und trägt auf seinen Flächen nur noch stellenweise dichte Bestände von Knieholz (Latsche, Pinus pumilio), eine Kieferart, deren Stämme von einem Centralstock aus am Boden hinkriechen und sich dann mit einem Knie bis etwa Manneshöhe aufrichten, immergrüne Nadeln tragend; die Zweige enden so gleichmäßig in derselben Höhe, daß man glauben könnte, sie seien von Gärtnerhand flachgeschnitten. Man hat in diesen, zu weiten, undurchdringlichen Dickichten zusammenfließenden Knieholzbüschen ein ausgezeichnetes Mittel erkannt, die Niederschläge zurückzuhalten und pflanzt sie daher auf preußischer Seite systematisch an. Zwischen diesen dunkelgrünen Hecken wächst ein hartes Gras, aus dem oft die prachtvollen Blüten einer alpinen Flora (Primula minima, Anemone alpina) hervorsprießen, und nur, wo an steiler Geröllhalde oder am solitären Felsenblock der Boden nicht mehr haftet, überzieht kaum noch eine Flechte das Gestein.

Wo nach unten zu die Knieholzregion in einer Höhe von 1100 bis 1200 m aufhört, beginnt der Wald, zunächst aber ein breiter Gürtel Bannwald oder Urwald, der nicht forstmännisch gepflanzt und gepflegt wird, sondern ein Wald, dessen uralte Fichtenstämme, kurz, breit, mit weitreichenden flechtenbewachsenen Ästen, der Vermoderung überlassen werden und sich selber wieder aussäen. Hier ist das eigentliche Quellgebiet der Bäche, denn von jeder Falte des Böschungsmantels hüpft ein kleines Rinnsal, versteckt unter hohen Lattichkräutern, herab; und hier sind auch die schnurgeraden Gräben gezogen, welche den sumpfigen Boden entwässern sollen, nach Ansicht Mancher zum Schaden der Thäler bei Wolkenbrüchen. — Der eigentliche Forst, der dann folgt und fast ausschließlich aus Fichten, mit wenig eingesprengten Kiefern, Buchen, Ahorn und Birkenbeständen gebildet wird, reicht bis zum Fuß der Böschung herab, die oft unvermittelt in die ganz horizontale Fläche des Hauptthales übergeht.

Aber diese Böschung, die ziemlich regelmäßig in der ganzen Länge des Gebirges bei einer Höhe von 1000 m eine Breite von 8—9 km besitzt, verläuft nicht ganz gleichmäßig, sondern bildet etwa in halber Höhe eine Stufe von geringerer Neigung. Hier sammeln sich die einzelnen Quellbäche zu einzelnen größeren Wasserläufen, die dann den zweiten Absatz in tief eingegrabenen malerischen Schluchten durchbrechen und so durch Ausnagung die mannigfaltigen und anmutigen Gebilde der Vorberge erzeugen, die, wie der weit berühmte Kynast, so recht die Freude der Sommerfrischler sind; auf dieser Stufe breiten sich auch, wie Oasen im unendlichen Walde, saftig-grüne Wiesen aus und hier trifft der von oben herabkommende Wanderer zuerst die Wohnstätten der Menschen zu dorfartigen Gruppen vereinigt, die sich behaglich in die Breite ausdehnen, während weiter unten dem Bache durch seine Schlucht nur eine enggedrängte Reihe von Häusern folgen kann, die dann unten in der Hauptthalebene endigt.

Solche Bildung unserer Hochgebirgsdörfer ist ganz regelmäßig und wiederholt sich auf der deutschen Seite wohl 6, 7 mal; das obere Dorf auf der Stufe und das untere in der Schlucht, obwohl sie unmittelbar ineinander übergehen, führen verschiedene Namen. Von Osten zum Westen folgen sie einander in nachstehender Anordnung:

Auf der Stufe: 1. Arnsberg, 2. Brückenberg, 3. Baberhäuser, 4. Hayn, 5. Agnetendorf, 6. Schreiberhau und Hartenberg.

In der Schlucht: 1. Schmiedeberg, 2. Krummhübel, 3. Seydorf, 4. Giersdorf, 5. Hermsdorf, 6. Petersdorf.

Die Bäche, die diesen Dörfern entsprechen, sind:
1. die Eglitz, 2. die Lomnitz, 3. das Seydorfer Wasser, 4. das Giersdorfer Wasser, 5. das Hermsdorfer oder Heidewasser, 6. der Zacken.

Diese Verhältnisse zu kennen, ist bei der Betrachtung der Wirkungen eines Hochwassers sehr wichtig. Nehmen wir an, es fällt auf dem Kamme ein Wolkenbruch, so fließt das Wasser auf der Böschung durch die unzähligen Felsenrinnsale rasch herab, bis es auf die Stufe gelangt. Da kann es keinen nennenswerten Schaden anrichten, weil es hier noch keine Äcker, sondern nur Wiesen giebt, weil die Häuser, auf weiter Fläche einzeln und günstig postiert, sich nicht an die Flut herandrängen, und weil diese, noch einzeln kämpfend, keine große Kraft entwickelt. Sobald sich nun aber hier die einzelnen Adern in einem einzigen Bett gesammelt haben, das gewöhnlich mit lauter abgeschliffenen Steinblöcken gefüllt ist, entwickelt der Strom in der Thalschlucht unterhalb der Böschung eine enorme lebendige Kraft, die sich im Herabschießen bei etwa 6—10 % Neigung immer mehr verstärkt und ihre größte Intensität dort erreicht, wo sie die flache Sohle des großen Hauptthales erreicht, diese mit Felsen, Sand, Mauertrümmern und Holzstämmen überschüttend.

Die Eglitz ergießt sich in die Lomnitz und diese mündet bei Schildau eine Meile oberhalb Hirschbergs in den Bober.

Das Seydorfer, Giersdorfer und Hermsdorfer Wasser fließt dem Zacken zu, der unterhalb Hirschberg in den Bober fällt.

Schon hieraus ergiebt sich, daß das große Hirschberger Thal sich in zwei Unterthäler, das der Lomnitz und das des Zackens teilt, und daß sie beide, entsprechend der Divergenz ihrer Zuflüsse, sich auf das Hochgebirge zu, zu dreieckigen Flächen erweitern.

In der That entsendet das Hochgebirge vom Mittagstein her einen mächtigen Bergzug, der zwischen Arnsdorf und Seydorf sattelt, dann in das Stonsdorfer Hügelland übergeht und so die beiden Thäler trennt. Dort, wo diese sich am breitesten entwickeln, finden sich neben den Bächen noch ansehnliche Seen und Teiche, so bei Ruhberg, Buchwald, Glausnitz und Erdmannsdorf einerseits und oberhalb Warmbrunn andrerseits.

Im unteren Inundationsgebiet der Eglitz liegt Quirl und Mittelziller= thal, an dem der Lomnitz Birkicht, Arnsdorf, Erdmannsdorf, Lomnitz, an dem des Zacken Hermsdorf, Wernersdorf, Warmbrunn, Herischdorf, Cunners= dorf; am Bober selbst liegen Straupitz, Hirschberg, Boberröhrsdorf, soweit der Kreis in Betracht kommt, weiter unten von Städten: Lähn, Löwenberg, Bunzlau, Sprottau, Sagan, Crossen.

Man nimmt an, daß der große Hirschberger Thalkessel durch einen Einbruch der Erdoberfläche entstanden sei; so ist er denn von allen Seiten umwallt, und ein Fluß muß demnach, um aus diesem Thale hinauszugelangen, diese Umwallung schluchtartig durchbrechen. Dies thut der Bober unmittel= bar, nachdem er den Zacken aufgenommen hat, indem er sich durch ein mehrere Kilometer langes steilwandiges Felsenthal (Sattlerschlucht genannt) hindurchzwängt. Dieses Thal erweitert sich zwar bei Boberröhrsdorf auf eine kurze Strecke, doch verengt es sich bald wieder, um in vielen Windungen und in mäßiger Breite bis Lähn und weiter zu gelangen. Es hat hier inzwischen einen von den Ausläufern des Isergebirges herkommenden, noch zum Kreise Hirschberg gehörenden ansehnlichen Bach, die Kemnitz, aufgenommen, der fast in seinem ganzen Laufe von betriebsamen Dörfern, unter denen Berthels= dorf besonders zu erwähnen ist, begleitet wird. Erst bei Löwenberg gewinnt der Bober die Freiheit der Ebene.

Über das Isergebirge seien nur einige Bemerkungen angefügt. Es zerfällt zwar ebenfalls in mehrere Parallelkämme, ist aber viel weniger regel= mäßig und übersichtlich gebaut als das benachbarte Riesengebirge. Jene Kämme sitzen mehr als Hügelketten auf einem ca. 10 km im Durchmesser haltenden Hochplateau, das etwa 1000 m hoch mit weiten Forsten und Mooren, zum Teil Urwald bedeckt ist, sehr wenig menschliche Ansiedelungen aufweist und an den Rändern steil abfällt. Die über diese hinabfließenden wasserreichen Bäche dienen namentlich in Österreich einer hochentwickelten Industrie, während die schlesische Nordseite mehr kärglichen Ackerbau treibt. Die hier in Betracht kommenden Flußläufe sind der Queis und die Görlitzer Neiße, die an dem Hochwasser hervorragend beteiligt waren und großen Schaden anrichteten.

II.
Die wirtschaftlichen Verhältnisse des Kreises Hirschberg.

In Bezug auf die wirtschaftlichen Verhältnisse des Kreises Hirschberg möchte ich nicht hauptsächlich statistische Zahlenreihen anführen, wie sie vielleicht aus Handelskammerberichten zu erhalten wären, sondern ich will lieber wahrheitsgetreu wiedergeben, was sich mir als Niederschlag aus vieljährigen persönlichen Beobachtungen aufgedrängt hat. Schon als Knabe lernte ich das Riesengebirge durch Fußwanderungen kennen, später habe ich oft eine Sommerfrische darin genossen, und vor 10 Jahren bin ich ganz als Arzt hierher übergesiedelt. In diesem letzteren Zeitraum habe ich nicht nur zum Vergnügen alle Teile der Landschaft durchstreift, auch mein Beruf hat mich mit der ganzen Bevölkerung in die nächste Berührung gebracht. Denn als Specialist betreibe ich meine Praxis nicht nur in und aus der Stadt Hirschberg, sondern die Hilfesuchenden kommen zu mir aus dem ganzen Kreise und darüber hinaus, jährlich über 2000 Patienten, das macht in 10 Jahren ca. 20 000. Außerdem aber habe ich als Vertrauensarzt mehrerer Berufsgenossenschaften und der Invaliditäts- und Altersversicherungsanstalt genügend Einblicke in die wirtschaftliche Lage der hiesigen Bewohner thun können, um mir ein, wenn auch subjektives, so doch gewiß zutreffendes Urteil zuzutrauen.

Mehr wie anderswo und namentlich im Flachlande sind die wirtschaftlichen Verhältnisse im Kreise Hirschberg bedingt durch die natürlichen Eigenschaften der Landschaft. Wir haben es hier zu thun mit einer ausgesprochenen Gebirgsgegend, die nur auf einer Seite dem wirtschaftlichen Verkehr offen steht, auf der andern durch die politische Grenze und mehr noch durch einen natürlichen Wall abgeschlossen ist, über den auch nicht eine fahrbare Handelsstraße führt; denn selbst die Chaussee zwischen Riesengebirge und Isergebirge ist eigentlich nur als Touristenstraße von Bedeutung.

Der Hirschberger Kreis ist zu mehr als 60 % mit Forsten bedeckt, fast 100 000 Morgen, denen ca. 50 000 Morgen Ackerland und 13 000 Morgen Wiese gegenüberstehen. Der Acker ist in seiner Ertragsfähigkeit natürlich nicht mit den fetten Ländereien der Niederungen zu vergleichen; außerdem ist seine Bebauung in dem fast überall coupierten Terrain sehr schwierig und mühsam. Hierzu kommt, daß ein großer Teil des tragbaren Ackers zu umfangreichen Latifundien gehört, und so ist es erklärlich, daß die Bevölkerung des Kreises nur zum geringsten Teil von der Landwirtschaft leben kann, daß die natürlichen Erwerbsquellen überhaupt sehr ungenügend sind, und daß von jeher die Bewohner noch auf industriellen Betrieb angewiesen waren. Die Hauptindustrie bestand seit Jahrhunderten in der Leinwandweberei, und sie war es, die besonders in der ersten Hälfte des vorigen Jahrhunderts zu einer großen Blüte gelangte. In Hirschberg wohnten reiche Patricier-Kaufherren, die mit der ganzen civilisierten Welt in geschäftlichem Verkehr standen. Von ihrem enormen Reichtum legen heute noch Zeugnis ab ihre Grüfte, wahre Kunstwerke, die in langer Reihe den Friedhof der Gnadenkirche zieren. Hirschberger Leinwand war weithin berühmt und namentlich die Herstellung von Schleierleinen war eine Specialität, die lange Zeit als Geheimnis gehütet wurde.

Aber dieser Industriezweig hatte wohl auch seine Kehrseite. Die Handweber saßen in ihren von der Welt abgeschiedenen Dörfern und ließen ihre Webstühle klappern, während Frau und Kinder das Spulen und andere Nebenarbeiten besorgten. Die Löhne mögen nicht glänzend gewesen sein; denn mehrmals wird uns von Revolten berichtet (besonders aus Landeshut), die den socialdemokratischen Putschen unseres Jahrhunderts nicht nachstanden, und die Schilderungen, die Gerhart Hauptmann nach den Erzählungen seines Vaters, und, wie ich aus anderen Quellen weiß, wahrheitsgetreu von dem Elend der „Weber" im Eulengebirge gegeben hat, paßten sicher auch schon auf jene Zeit. Heute sind die Handwebstühle, auf denen in der Woche höchstens 3—4 Mark verdient werden können, auf den Aussterbeetat gesetzt; an ihre Stelle sind riesige Fabriken getreten, die 700—800 Arbeiter, namentlich Arbeiterinnen beschäftigen, so namentlich die große Erdmannsdorfer Spinnerei. —

Um bei der Textilindustrie zu bleiben, sei erwähnt, daß seit mehreren Decennien auch Kammgarn-, Plüsch- und Bandwebereien im Kreise bestehen und daß namentlich in Schmiedeberg die Herstellung von vortrefflichen Smyrnateppichen eine sehr bedeutende Ausdehnung gewonnen hat.

Noch älter aber als die Leinweberei ist im Kreise Hirschberg die Glasfabrikation. Jedenfalls ist sie aus dem benachbarten klassischen Lande dieser Industrie, aus Böhmen, herübergekommen und noch heute erhält sie fortwährend von da neuen Zuzug, noch heute blüht sie an der Staße, die von Böhmen aus Neuwelt herüberführt. Schon im 14. Jahrhundert befand sich im Zackenthal eine Glashütte, die immer höher hinaufrückte, je mehr der Urwald von ihr gelichtet wurde. Die großen Dörfer, Schreiberhau und Petersdorf, stehen ganz unter dem Zeichen des Glases, und auch Hermsdorf, Warmbrunn und Hirschberg sind an diesem nämlichen Zweige des Gewerbefleißes beteiligt. Es wird hier nur edles Glas hergestellt; die Erfindung der Formen, die Ausschmückung der Gefäße durch Malerei oder Glasfluß reicht in das Gebiet der Kunst hinein, und keine fürstliche Tafel in Europa, kein Prunkzimmer eines amerikanischen Millionärs braucht sich des Glases vom Zacken zu schämen. Die Glasindustrie nahm ihren höheren Aufschwung mit der Errichtung der Josephinenhütte bei Schreiberhau im Anfang der vierziger Jahre unseres Jahrhunderts. Der Umstand, daß die Grafen Schaffgotsch selbst die Besitzer waren und die Hütte nicht sowohl im kaufmännischen als vielmehr künstlerischen Sinne betrieben, bewirkte nicht nur, daß vorzügliche Erzeugnisse geliefert, alte Techniken wieder aufgefunden wurden, sondern daß auch alle Arbeiter, geschickt ausgebildet, einen guten Lohn fanden, ihr Anwesen gründeten und seßhaft blieben. — Später gründete Fritz Heckert, ein genialer Mann in Sachen der Glasveredelung, in Petersdorf eine neue Fabrik, die jetzt sich auch eine eigene Glashütte beigelegt hat und mit der älteren Nachbaranlage erfolgreich konkurriert.

Ein Teil dieser Industrie interessiert uns darum besonders, weil sie sich an den Bächen angesiedelt hat, ja diese als Triebkraft benutzt. Es sind die Glasschleifereien; Häuser mit saalartigen Räumen, deren Wände teilweise nur aus Fenstern bestehen. Ein Wasserrad setzt alle Schleifsteine in Bewegung und hier entstehen die köstlichsten Kryſtallgefäße, deren Facetten wie Edelsteine glitzern.

Dagegen wird das Gravieren in Glas, das im vorigen Jahrhundert noch wahre Kunstwerke durch Dekoration von Gläsern in mattem vertieftem Schliff und durch Herstellung von Petschaften hervorbrachte, jetzt nur noch wenig getrieben.

Als Ende der sechziger Jahre unseres Jahrhunderts das Hirschberger Thal durch Schienenstränge mit dem platten Lande verbunden wurde, hoben sich einige Industrien, die früher schon in geringem Umfange vorhanden gewesen waren, zu ungeahnter Blüte. So namentlich die Papierfabrikation. Schon reichen die ausgedehnten Forsten nicht mehr hin, um das nötige Holzmaterial zu liefern; denn an allen Gebirgsbächen haben sich Fabriken aufgethan, die die Fichtenstämme zu Holzstoff, Cellulose und Papier verarbeiten, teils mit Hilfe der durch Wehre aufgestauten Wasserkraft, teils mit Dampfmaschinen. Die Zahl der in diesen Betrieben beschäftigten Arbeiter ist sehr bedeutend.

Eine noch neuere Industrie, die nur durch die Eisenbahn ermöglicht wird, ist die Herstellung von Maschinen und Eisenarbeiten. Sehr leistungsfähige Fabriken dieser Art sind in Hirschberg, Warmbrunn und Berthelsdorf.

Merkwürdig ist, daß die Verfertigung von Holzschnitzereien, soweit sie dem Kunsthandwerk angehören, niemals zu großer Blüte gelangt ist, obgleich Anläufe dazu schon im vorigen Jahrhundert vorhanden waren, und die Bedingungen hier ebenso günstig wären, wie z. B. in der Schweiz. Nur in Agnetendorf und Warmbrunn werden Spielzeug und Gegenstände für den täglichen Gebrauch aus Holz gefertigt. Doch scheint die Regierung der Ausbildung dieses Kunstgewerbes in allerneuester Zeit wieder ihre Aufmerksamkeit zuzuwenden.

Einen volkswirtschaftlich größeren Umschwung im ganzen Erwerbsleben des Gebirges, als vielleicht alle diese Industrien, hat der seit 30 Jahren so enorm gesteigerte Fremdenverkehr hervorgerufen, eine Thatsache, jedem deutlich, aber schwer durch Zahlen zu belegen. Das Riesengebirge ist eben in unserer reiselustigen Zeit das beliebteste Ausflugs= und Sommerfrischengebiet der Schlesier geworden, und auch aus den benachbarten Provinzen und Ländern kommen jährlich viele Tausende hierher, um das Gebirge zu durchwandern oder einige Wochen in Ruhe und Naturgenuß zu verbringen. Und nicht nur der Sommer übt diese Anziehungskraft, auch im Winter drängen sich die Gäste, um das eigenartige Vergnügen der Hörner= und Sportschlittenfahrten zu genießen. Es kommt vor, daß an einem einzigen Wintertage 600 Personen in der Peterbaude auf dem Kamm einkehren. So werden alle Jahre von Fremden mehrere Millionen in den Kreis Hirschberg getragen, um sich hier in gut bezahlte Arbeit zu verwandeln. Ganze Dörfer haben dadurch ein verändertes Aussehen gewonnen, fast das Gepräge von kalifornischen Städten angenommen; Leute, die früher ganz abgeschlossen von der Welt lebten, haben mit Ministern verkehren gelernt, und Besitzer von wenigen Morgen magerer Ackerkrume sind über Nacht wohlhabend geworden, wenn die Aussicht von ihrem Grundstück einem Börsenmann so gefiel, daß er sich eine Villa darauf baute.

Diese Entwicklung nahm wohl von dem Badeleben in dem altberühmten Warmbrunn ihren Anfang; denn zuerst bevorzugten die Fremden die in dessen Nähe gelegenen Orte des großen Thalkessels, wie Hermsdorf, Stonsdorf, Erdmannsdorf, Fischbach: später fing man an die in den Thalschluchten der unteren Gebirgsböschung gelegenen Dörfer: Krummhübel, Seydorf, Giersdorf, Agnetendorf, Petersdorf zu besuchen, und jetzt geht man am liebsten in die Dörfer auf der Böschungsstufe selbst, dem Zuge nach der Höhe folgend. Die stärkste Blüte als Sommerfrische hat Schreiberhau erreicht. Die alten elenden Wirtshäuser haben sich in große Hotels verwandelt; eine Menge neuer, mit allem Komfort ausgestatteter sind hinzugekommen; reiche Leute haben sich in etwa 70 geschmackvollen Villen hier angesiedelt und fast jedes Blockhaus hat durch Um= und Anbau ein paar Fremdenzimmer gewonnen, die zu ziemlich hohem Preise vermietet werden. Die Saison setzt natürlich eine Masse Arbeitskräfte in Bewegung, Lebensmittel werden von weither herangeschafft, die Bäcker, die Fleischer, die Tischler, die Dekorateure u. a. sind in einer fieberhaften Thätigkeit.

Eine solche Entwicklung hat natürlich auch ihre großen Schattenseiten; die auri sacra fames wird geweckt, der Abscheu vor regelmäßiger anstrengender Arbeit groß gezogen, auch die Spekulation richtet manche Existenz zu Grunde. So angemessen und einträglich es ist, wenn z. B. eine Glasschleiferfamilie im Sommer ihre gute Stube und eine Kammer für gutes Geld auf 6—8 Wochen den Fremden einräumt und selbst sich auf einen kleinen Raum beschränkt, so unvorteilhaft erscheint der kostspielige Bau von großen „Logierhäusern". Denn die Saison von höchstens zwei Monaten ist zu kurz, um die Zinsen für das ganze Jahr zu bringen. Und auch in Wirtshäusern macht sich die Überspekulation geltend.

Wenn wir aber alle diese wirtschaftlichen Momente zusammenfassen, so ergiebt sich, daß trotz der mageren Landwirtschaft, trotz der ausgedehnten Latifundien und Forste, im Kreise Hirschberg eine Menge guter Erwerbsquellen fließen, die die frühere Weberarmut verscheucht und einen gewissen mittleren Wohlstand erzeugt haben, so daß auch in den unteren Arbeiterklassen nirgends ein Notstand vorhanden ist. Im Gegenteil, auch in den kleinsten Hütten gewahrt man einen gewissen Trieb zum Schmuck des Lebens, wenn dieser sich auch nur in einem wohlgepflegten Gärtchen, in Blumenbrettern vor den Fenstern und großer Sauberkeit äußert.

Der ortsübliche Tagelohn ist daher auch verhältnismäßig ziemlich hoch. Er beträgt für männliche Arbeiter in der Stadt Hirschberg 1,40 Mk., im Landkreise 1,20 Mk.

Auch über den Volkscharakter im Riesengebirge läßt sich nicht viel Nachteiliges sagen. Die Leute sind an harte Arbeit gewöhnt und verrichten sie ohne Murren. Religiosität ist nicht gerade sehr entwickelt; aber die Begriffe von Mein und Dein werden respektiert. Viel zu wünschen übrig läßt der Verkehr der Geschlechter untereinander; uneheliche Geburten, besonders auf dem Lande, sind an der Tagesordnung und werden kaum noch als Schande empfunden. Klatschereien und Zänkereien beschäftigen oft die Schiedsgerichte. Schwere Verbrechen beschränken sich meist auf Notzucht, Brandstiftung und Wilddieberei. In den Gebirgsdörfern herrscht große Reinlichkeit, auch in der ärmlichsten Hütte. Ob dies eine Folge davon ist, daß jedes Wohnhaus am fließenden Wasser liegt, oder ob die eingewanderten Ureinwohner deshalb sich am Ufer der Bäche angesiedelt haben, weil sie den Trieb zur Reinlichkeit mitbrachten, ist schwer zu entscheiden. Vielfach herrscht noch Aberglaube. Die Bevölkerung ist etwa zu zwei Dritteilen protestantisch und im ganzen rein deutsch; nur in den Glasindustriegebieten des Zacken= thales finden sich eingewanderte tschechische Elemente in geringer Zahl.

III.

Das Hochwasser vom 30. Juli 1897 und seine Folgen.

Wie schon im ersten Kapitel erwähnt, ist der Zug der Sudeten durch Höhe und Lage sehr geeignet, reichliche Niederschläge zu veranlassen. Fast niemals aber ruft, wie es in den Alpen gewöhnlich ist, die Schneeschmelze Hochwasser hervor, sondern es sind meist die reichlichen Regengüsse des Sommers, welche die Bäche ausufern lassen. — Es ist ein Segen der sonst mit vielen Nachteilen verknüpften Latifundienwirtschaft, daß dem Riesen= (und in noch höherem Maße dem Iser=)gebirge der Wald erhalten geblieben ist, dessen Rolle als wasserzurückhaltendes Moment für bekannt gelten kann. In ähnlicher Weise, als „Schwämme", wirken auch die Hochmoore und Knieholzbüsche unseres Riesengebirgskammes. Wenn aber in einem nassen Jahre ein mehrtägiger sanfter Regen Pflanzen, Moose und Erdreich bis auf die harten Felsrippen vollständig durchtränkt hat, so ist ihm fernere Auf= saugungsfähigkeit versagt; und sobald dann die Schleusen des Himmels sich weiter öffnen und einen Wolkenbruch herniederschütten, dann läuft das Wasser über den vollgesogenen Boden ohne Aufenthalt in die Bäche. Diese sind zwar in ihrem oberen Laufe alle mit großen Rollsteinen und Felsblöcken angefüllt, die für gewöhnlich ebenso viele Hemmnisse für den Wasserlauf bilden und ihn verzögern; aber sie werden bald überflutet und können nun auf die über sie hingleitende Wasserschicht keinen hemmenden Einfluß mehr ausüben; mit einem Gefälle von 3, 4, 5, ja 10 %/o stürzen diese glatt hin= fließenden Schichten zu Thale, und man kann sich ein Bild machen, mit welcher Schnelligkeit, mit welcher lebendigen Gewalt sie hier ankommen.

In der offiziellen „Darstellung der Hochwasserverheerungen des Sommers 1897", womit im Hause der Abgeordneten der „Entwurf eines Gesetzes betreffend die Bewilligung von Staatsmitteln zur Beseitigung der durch das Hochwasser des Sommers 1897 herbeigeführten Beschädigungen" be= gründet wird, heißt es:

„Fast alle außergewöhnlichen Hochwasser des letzten Sommers hatten ihren Ursprung in der Gegend des Riesengebirges, wo nach den Er= gebnissen der Regenmessungen auch sonst die größten Niederschläge statt= zufinden pflegen.

„Nachdem bereits am 23. und 24. Juli ergiebige Regen von 20—40 mm niedergegangen waren, blieb es am 25., 26. und 27. trocken. Von da ab begann es im ganzen Gebirge von neuem zu regnen, anfangs in mäßiger Stärke, vom 28. abends ab mit erheblich zunehmender Intensität. Die bis zum Abend des 29. gefallenen Regen genügten, um die Wasserläufe bordvoll zu machen, ja einige auch bereits zum Ausufern zu bringen. Nachdem am 29. abends der stürmische Wind nach NW und N umgedreht hatte und damit die Regenwolken gegen das Gebirge, dessen Kamm auf 800—1000 m (soll wohl heißen 1400 m) liegt, getrieben wurden, fielen die verderbenbringenden Wolkenbrüche, die eine in diesem Jahrhundert bisher noch nicht beobachtete Wasserhöhe in den Flußbetten hervorriefen. Der bereits vollgesogene Boden und die bordvollen Wasserläufe vermochten kein Wasser mehr aufzunehmen, so daß bereits in den ersten Nachtstunden des 30. Juli die Hochwasserkatastrophe begann. Am stärksten scheint der Regen am 30. gegen 2 Uhr morgens gefallen zu sein, gegen Mittag hörte der Regen im Gebirge auf. Es sind z. B. gemessen (für die Zeit von 7 Uhr früh des 29. bis 7 Uhr früh des 30. Juli) am 30. Juli bei der Prinz Heinrich-Baude (auf dem Kamme 1420 m hoch) 225 mm Regenhöhe, Kirche Wang (auf der Stufe 850 m hoch) 220 mm, Schneekoppe (1604 m) 239 mm, Schmiedeberg (440 m) 187 mm, Flinsberg (im Isergebirge 500 m) 158 mm, Beerberg (am Queis) 135 mm; während bei dem Hochwasser 1888 an den fünf letztgenannten Stationen — die Station auf der Prinz Heinrich-Baude war damals noch nicht eingerichtet — 67, 88, 76, 121, 138 mm Regen gefallen sind.

„Die größten Regenmengen fielen in dem 117 qkm großen Niederschlagsgebiete der Lomnitz und Eglitz, dort dürften nach den Beobachtungen vom 29. Juli morgens 7 Uhr bis zum 30. morgens 7 Uhr etwa 20 000 000 cbm Regen niedergegangen sein." —

„Den Niederschlagsmengen entsprach auch die Geschwindigkeit, mit welcher die Hochwasserwelle in den Flüssen hinabgegangen ist und welche gleichfalls die Geschwindigkeit bei früheren Hochwassern erheblich überstiegen hat.

„So hat die Hochwassermenge im Bober die Strecke von Lähn bis Ober-Leschen — 58 km — in 21½ Stunden zurückgelegt, während für diese Entfernung bei früheren Hochwassern mindestens 30 Stunden gerechnet wurden.

Die Geschwindigkeit, welche das Hochwasser im freien Strom erreicht hat, ist in den einzelnen Strecken, je nach Gefälle und Hochwasserprofil, sehr verschieden gewesen. Im Durchschnitt kann sie in den am meisten geschädigten Ortschaften: Schmiedeberg, Giersdorf, Petersdorf u. s. w. auf 4—5 m in der Sekunde (also die Meile in 25—30 Minuten) geschätzt werden."

So weit die offizielle Darstellung über die meteorologischen Vorgänge.

Was den Schaden des Hochwassers anbetrifft, so sehen wir, daß dieser sich je nach der Örtlichkeit ganz verschieden äußert. —

Im Hochgebirge oberhalb der Böschungsstufe kann von einem beträchtlichen Schaden kaum die Rede sein. Daß die nicht chaussierten Wege unter massenhaften Regenfluten leiden, daß die Straßengräben sich in Rinnsale verwandeln und streckenweise den Wegkörper unterwaschen und unterspülen, ist selbstverständlich. Die vielen Wildbäche aber laufen alle in tief eingeschnittenen, erodierten Felsenthälern; als Widerstand finden sie große Steine, die sie tiefer abwärts wälzen, Bäume, die am Ufer mit ausgebreiteten Wurzeln kleben und oft umgestürzt werden, hölzerne Brücken, die der erste Anprall vernichtet. Auch den Ortschaften, welche auf der Stufe selbst ausgebreitet liegen, konnte das Wasser nicht viel anhaben. Denn hier stehen die Häuser nicht direkt am Bachufer. Schlimmer schon sind die langgestreckten, dicht am Bache gebauten Dörfer in der Thalschlucht der unteren Böschung daran. Hier hat der Mensch das Flußbett, weil er nicht Raum genug hatte, künstlich eingedämmt, hier hat er Wehre gebaut und Fabriken direkt aus dem Flußbett aufgemauert, hier hat er den Bach schon mit festen Brücken überspannt, die durchweg eine zu enge Lichtung haben. Hier mag es auch schon vorgekommen sein, daß fortgeführte Baumstämme und Bauhölzer, sogar Steine, direkt wie Wurfgeschosse gewirkt und einzelne Gebäude zerstört haben; wo die Straße am Ufer befestigt war, da sind namentlich bei Biegungen auf der konkaven Seite die Futtermauern zerstört und Löcher in den Straßenkörper gerissen worden. Aber die verderblichste Wirkung entfaltete der geschwollene Bach überall dort, wo er aus der geneigten Schlucht in die Ebene des großen Kessels trat, wo sich seine rasch dahineilende Welle an ihren ruhiger strömenden Vorläufern stieß. Hier, wo die lebendige Kraft nach einem Herabsturz von 1000 m am größten, hier, wo der Wildbach am meisten gefüllt war mit aufgerafften Wurfgeschossen von Felsen, Balken und Bäumen, hier fand er meist eine jähe Knickung seines Laufes, hier niedrigere Ufer, an denen sich Felder und Gärten hinzogen, hier zahlreichere Brücken, die sich ihm entgegenstemmten und seine Wut nur reizten. Hier unterwühlte er die Felsenmauer seines Bettes, hier schoß er Bresche in den Erdboden, hier ließ er seine Wasser ausströmen und alles unter Sand und Steinen begraben. —

Und so floß er weiter, verstärkt durch neue Quellenarme, noch immer in tollem Taumel durch die fast ebenen Orte in der Mitte des Thales, die niederen Ufer, die Häuser, die Straßen und Gärten überschwemmend, bis er endlich sich mit dem Bober vereinigt und nun den engen Ausweg aus dem Thale forcieren muß. Hier staut sich das Gewässer zu einer Höhe, die 7,73 m, das ist etwa die Höhe von zwei Stockwerken, das gewohnte Niveau überschreitet, und so lange steigt, bis das abfließende Wasser dem zufließenden die Wage hält.

Was war die Folge davon? Alle Niederungen in der Gabel, welche Bober und Zacken miteinander bilden und die weniger als rund 8 m über dem Wasserspiegel des Bobers an seinem Eintritt in die Sattlerschlucht lagen, mußten überschwemmt werden. Das bildete einen umgekehrt deltaartigen See, in welchem alle niederen Stadtteile von Hirschberg, das angrenzende Cunnersdorf am Zacken und Straupitz am Bober überschwemmt wurden, so daß das Parterregeschoß vieler Häuser bis an die Decke im Wasser stand und für die Bewohner und ihr Vieh bringende Lebensgefahr eintrat. Bedenkt man, daß fast alle diese Häuser von den ärmeren Klassen dicht bewohnt, nur einstöckig waren und daß die Katastrophe mitten in der finsteren Nacht eintrat, so wird man sich ein Bild von der grauenhaften Situation machen und nur darüber staunen, daß so wenig Menschen — im ganzen vier im Kreise Hirschberg — umgekommen sind, während im böhmischen Teil des Riesengebirges das Unwetter gegen 100 Menschenleben forderte. Glücklicherweise nahm das Hochwasser, wie immer im Riesengebirge, einen raschen Verlauf, und es hätte noch mehr Verderben gebracht, wenn die Hochflutwelle aus allen Nebenflüssen gleichzeitig eingetroffen wäre. Während die Lomnitz schon am 29. Juli abends 10 Uhr ihre Verwüstungen begann, fing der Bober im Kreise Landeshut erst am 30. Juli um 2½ Uhr nachts an, verheerend zu wirken. Die Bewohner Hirschbergs wurden in der Nacht um 12 Uhr alarmiert, gegen 10 Uhr morgens begann das Wasser hier zu fallen. Man kann also sagen, daß hier der gefährliche Stand der Hochflut etwa 20 Stunden gedauert habe, während er im unteren Boberlauf sich immer mehr verlängerte und bei Nieder-Leschen 3 Tage anhielt.

In einer halboffiziellen Schrift (Das Sommerhochwasser vom Juli bis August 1897 im Oderstromgebiete. Im Bureau des Wasserausschusses bearbeitet von Dr. Karl Fischer. Berlin 1898. Verl. v. Wilh. Ernst & Sohn) findet sich eine Tabelle über die Wassermengen, welche an jenem Tage produziert wurden. Danach erhielt von dem Regen, der am 28. Juli früh 7 Uhr bis 30. Juli früh 7 Uhr gefallen war, der Bober nach dem Zusammenfluß mit dem Zacken an der Sattlerschlucht bei einer mittleren Niederschlagsmenge von 115 mm, die sich auf ein Gebiet von 1041,5 qkm verteilt, 109 Mill. cbm Wasser. Der Kemnitzbach mit 114,6 qkm Quellgebiet und 110 mm Niederschlagsmenge 13 Mill. cbm Wasser, der Queis mit 1006,2 qkm Quellgebiet bei 95 mm Niederschlagsmenge 96 Mill. cbm Wasser. Nahe der Mündung des Queises mußte der Bober in 24 Stunden 3400 Mill. cbm Wasser oder 1270 cbm in der Sekunde geführt haben.

Durch dieses Hochwasser, welches alle früheren seit Menschengedenken übertraf, sind im Kreise Hirschberg geschädigt worden[1]: die Städte Hirschberg und Schmiedeberg, 13 Gutsbezirke (von 24) und 40 Landgemeinden (von 52); davon in stärkerem Maße: Hirschberg, Schmiedeberg, Arnsdorf, Steinseiffen, Querseiffen, Waldhaus, Krummhübel, Arnsberg, Erdmannsdorf, Lomnitz, Straupitz, Boberröhrsdorf, Giersdorf, Petersdorf.

Von Wohnhäusern sind zerstört 24 und erheblich beschädigt 128; von Wirtschaftsgebäuden sind 59 zerstört und 140 erheblich beschädigt. Von Brücken sind 138 öffentliche und 120 private zerstört, 51 öffentliche und 52 private erheblich beschädigt. Die vorhandenen Ufermauern und sonstige Uferbefestigungen haben die Hochfluten teils zerstört, teils unterspült und beschädigt. Die Flußbette sind überall teils versandet, teils wie die Eglitz in Schmiedeberg und Arnsberg, die Lomnitz in Krummhübel, Querseiffen und Arnsdorf, das Hainwasser in Giersdorf, das Hermsdorfer Wasser in

---

[1] Diese Angaben entnehme ich hauptsächlich dem vortrefflichen Bericht des Herrn Landrats von Küster, der mir seine Arbeit (Manuskript) zu diesem Zweck gütigst zur Verfügung gestellt hat.

Hermsdorf und der Zacken in Petersdorf dermaßen mit Steinen und Gerölle angefüllt, daß ihre Räumung sehr viel Zeit und Geld erfordern wird.

An vielen Stellen haben die Flüsse einen anderen Lauf genommen. Die vorhandenen Wehre — und deren giebt es in den hiesigen Gebirgsflüssen eine große Zahl — sind sämtlich mehr oder weniger beschädigt, gegen 20 vollständig zerstört. Von Eisenbahnen war auf der Strecke Hirschberg-Schmiedeberg der Bahnkörper bei Ruhberg auf etwa 20 m so beschädigt, daß der Verkehr auf eine Woche eingestellt bleiben mußte. Ganz erheblich aber ist die Privatbahn Zillerthal-Krummhübel geschädigt worden. Dort hat das Hochwasser in Arnsdorf den Bahndamm auf etwa 20 m ganz fortgerissen, und die Strecke von der Haltestelle Birkicht bis Querseiffen war vollständig verschwunden. Der Betrieb von Zillerthal bis Birkicht konnte erst gegen Ende August, und auf der Strecke Birkicht-Krummhübel gar erst im Oktober wieder aufgenommen werden.

Von Chausseen sind die Provinzial-Chausseen und die Kreis-Chaussee Zillerthal-Krummhübel arg mitgenommen worden. Auf ersteren haben die Hochfluten die große Zackenbrücke in Petersdorf, die Lomnitzbrücke in Erdmannsdorf und die Eglitzbrücke in Quirl fortgerissen, sowie lange Strecken Ufermauern zerstört, bezw. unterspült und an mehreren Stellen in Petersdorf und Schreiberhau den Chausseekörper eingebrochen. Auch auf der erwähnten Kreis-Chaussee ist die Lomnitzbrücke in Birkicht ganz zerstört und etwa 150 m Chausseekörper mit Ufermauern fortgerissen worden.

Wege sind 16 588 m öffentliche und 6440 m private zerstört, 48 860 m öffentliche und 28 490 m private erheblich beschädigt worden.

An Ländereien haben die Hochfluten etwa 25 ha Acker, 33 ha Wiese und 26 ha Gartenland fortgeschwemmt, und etwa 140 ha Acker, 200 ha Wiese und 65 ha Gartenland versandet. Garten- und Feldfrüchte, Mobiliar, Haus- und Wirtschaftsgeräte, Vorräte, namentlich in Fabrik- und Warenlagern, auch Möbel und Kleidungsstücke sind in erheblichen Mengen teils fortgeschwemmt, teils vernichtet.

Endlich sind 45 Stück Großvieh und gegen 200 Stück Federvieh vernichtet worden.

Die Abschätzung dieser Schäden ist gemeindeweise durch besondere Ortskommissionen unter Zuziehung geeigneter Sachverständiger erfolgt und das Ergebnis in besonderen Nachweisungen, eine für die Schäden an öffentlichem Eigentum und eine für Privatschäden nach dem vorgeschriebenen Schema unter namentlicher Aufführung der Geschädigten, eingetragen worden.

Die Schadennachweisungen, betreffend die Privatschäden, sind sodann sämtlich durch die Mitglieder des Kreisausschusses unter Zuziehung geeigneter Sachverständiger an Ort und Stelle nachgeprüft und deren Schätzungsergebnis in die Nachweisungen in eine besondere Spalte mit roter Tinte eingetragen worden.

Hilfe in außerordentlichen Notständen.

Das Ergebnis dieser Schätzung ist folgendes:
Der Schaden an Eisenbahnen ist nicht bekannt.
Der Schaden an den Provinzial-Chausseen beträgt . . . 216 000 Mk.
Die Schäden der Gemeinden an Straßen, Wegen, Brücken, Uferbefestigungen und sonstigen Baulichkeiten beträgt einschließlich der Schäden an der Kreis-Chaussee Zillerthal-Krummhübel zusammen . . . . 1 107 294 =

Die Schäden der Privaten betragen:
a. an Wohn- und Wirtschaftsgebäuden, gewerblichen Anlagen . . . . 840 045 =
b. an Mobiliar, Wäsche, Haus- und Wirtschaftsgerät und Lebensmitteln . . . . 424 653 =
c. an Vieh . . . . 11 718 =
d. an Getreide, Vorräten, Futter, Stroh, Kartoffeln . . 55 558 =
e. an Wegen, Brücken, Stegen, Gräben und Ufern . . 675 637 =
f. an Grund und Boden durch Versandung . . . . 278 282 =
g. an Kaufmannsgütern, Warenvorräten und Maschinen 27 933 =
h. an Feldfrüchten . . . . 114 347 =

in Summa 2 428 263 Mk.

welche Summe sich bei Prüfung und Feststellung der Revisionskommission ermäßigt hat auf . . . . . . 2 344 660 Mk.

Die Denkschrift des Herrn Landrats von Küster beschäftigt sich auch mit den örtlichen Ursachen, welche eine solche Höhe der Überschwemmungsschäden bewirkt haben, und führt unter diesen als die hauptsächlichsten folgende an: Die Einengung der Flüsse und deren Überschwemmungsgebiete durch Häuser, gewerbliche Anlagen, namentlich Stauwehre, Bäume und Sträucher, ferner die schlechte Beschaffenheit der Ufer und deren Befestigungen, fehlerhafte Konstruktion der Brücken, das Lagern von Hölzern im Überschwemmungsgebiet, besonders bei Brettsägemühlen und Zimmerplätzen. Die Hochwassergefahr werde auch vermehrt durch die Entwässerung der Moore auf dem Hochgebirge, welche vorher als natürliche Wasserreservoire gedient haben und namentlich durch Anlage von Vertikalgräben in den Forsten. —

Für Hirschberg und Umgebung sei in erster Linie der kolossale Stau des Wassers durch die Sattlerschlucht verantwortlich zu machen.

IV.

Die Hilfsthätigkeit bei und nach dem Hochwasser.

Als in den ersten Morgenstunden des 30. Juli in jedes Haus die Nachricht von der schrecklichen Katastrophe drang, als man aus den gesicherten Wohnstätten hinauseilte, den Niederungen zu, und nun an Stelle grüner

Wiesen weite Wasserflächen sah, aus denen die Kronen der Bäume und die Giebel der Häuser emporragten, als man Kunde erhielt von den Verwüstungen, die in den Uferdörfern binnen wenigen Stunden angerichtet waren, da konnte man wieder eine schöne Regung der deutschen Volksseele beobachten. Nur e i n Gefühl beherrscht da alle Herzen: das tiefste Mitleid mit den armen Geschädigten und der elementare Drang, ihnen zu helfen. Man fragte nicht: Wer ist hier verpflichtet einzuspringen? man fühlte eben, jeder müsse Taschen und Hände öffnen; und bald, recht bald müsse die Hilfe kommen.

Erst allmählich wurde bekannt, was in der Nacht schon alles geleistet sei, wie sich treue Nächstenliebe glänzend bewährt habe, während die Nichtgefährdeten ahnungslos im süßen Schlummer gelegen hatten. Doch wir wollen uns nicht in Kleinmalerei von allerhand Scenen und Bildern, wie sie die Zeitungen brachten, einlassen; wir wollen vielmehr auch hier dem objektiv kühlen Bericht des Herrn von Küster, Landrats im Hirschberger Kreise, folgen, und die Ausgestaltung von Einzelheiten der Phantasie des Lesers überlassen.

„Der Umstand, daß die Hochfluten so plötzlich und mitten in dunkler Nacht eintraten, und daß dabei der Regen immer noch niederströmte, erschwerte die Rettungsarbeiten ungemein. Überall haben sich die sofort alarmierten Feuerwehren, in der Stadt Hirschberg außerdem Mannschaften des Jägerbataillons (Nr. 5) von Neumann in bereitwilliger und höchst anerkennenswerter Weise an den Rettungsarbeiten, namentlich beim Fortschaffen von Menschen und Vieh beteiligt. Besonders hervorgethan haben sich hierbei in Hirschberg der Gefreite des Jägerbataillons Dunkel, welcher nach erfolgter Rettung von 4 Menschen bei der fünften Fahrt in den Fluten versank, ferner der Kohlenhändler Gock von der Hellerstraße in seiner Nachbarschaft, dann der Arbeiter Karl Menzel in Lomnitz beim Retten der Nixdorfschen Familie, der Gendarm Matthis in Erdmannsdorf beim Retten der Insassen und des Viehs im Johanniterkrankenhause, der Amtsvorsteher Kunze und der Gemeindevorsteher Feige in Arnsdorf, welche beide durch angestrengte Arbeiten die völlige Überschwemmung von Ober-Arnsdorf verhinderten.

Schon am 30. Juli nachmittags traf, vom Oberbürgermeister Hirschbergs herbeigerufen, ein Kommando vom 5. Pionierbataillon mit einigen Pontons daselbst ein, welches sofort die Bergung von Menschen und Sachen begann, später aber in Schmiedeberg und Krummhübel den notdürftigsten Verkehr durch Bau von Notbrücken wieder herstellte. Auch vom Jägerbataillon wurden sofort Kommandos in Erdmannsdorf, Buschvorwerk und Arnsberg zu Aufräumungsarbeiten gestellt.

Diejenigen Familien, welche durch gänzliche oder erhebliche Zerstörung ihrer Wohnhäuser obdachlos geworden, oder welche ihre verschlämmten Wohnungen aus sanitären Gründen nicht beziehen konnten — und deren hat es viele hundert gegeben — sind teils auf Kosten der Gemeinden in Gasthäusern untergebracht, teils von Privaten ohne Entgeld aufgenommen worden. Ebenso wurden für sofortige Unterbringung des obdachlosen Viehes Vorkehrungen getroffen. Für Beschaffung von Nahrungsmitteln und Kleidung haben die Gemeindevorstände gleichfalls in ausreichender Weise gesorgt.

Die Geschädigten haben zum größten Teil es sich angelegen sein lassen, mit den notwendigsten Aufräumungsarbeiten sofort zu beginnen und, soweit es die Zeit während der Ernte erlaubte, auch energisch fortzusetzen. Insbesondere sind die überschwemmten Wohnräume und Stallungen überall alsbald vom Schlamm gereinigt und gelüftet worden.

Leider fehlte es überall an Arbeitskräften, so daß bei den großen Verheerungen verhältnismäßig nur wenig erreicht werden konnte.

Weitere Hilfe wurde den Geschädigten zu Teil, zunächst durch freie Liebesthätigkeit insoweit, als infolge des Aufrufs des Landrats vom 31. Juli in den Lokalblättern unter dessen Vorsitz sofort ein Kreishilfskomitee und in den geschädigten Ortschaften unter dem Vorsitz der Bürgermeister und Amtsvorsteher Lokalhilfskomitees sich bildeten, Sammlungen veranstaltet, Sammelstellen für die eingehenden Geldspenden eingerichtet und von verschiedenen Vereinigungen Konzert- und Theateraufführungen zum Besten der Überschwemmten veranstaltet worden sind.

Die Spenden an Geld, Kleidungsstücken und Nahrungsmitteln gingen reichlich ein, so daß die Lokalkomitees in wenig Tagen in der Lage waren, den Geschädigten nach allen Richtungen hin zu helfen und sie vor Not zu bewahren. **Thatsächlich hat im Kreise keiner der Überschwemmten Not gelitten.** Überall regte sich die Privatwohlthätigkeit der Nichtgeschädigten für die Überschwemmten.

Unter dem 4. August erließ der Herr Regierungspräsident seinerseits ebenfalls einen Aufruf zur Spendung von Gaben für die Überschwemmten und es wurde das Sammelwesen und die Verteilung der eingehenden Beträge von demselben einheitlich geregelt. Seitens des geschäftsführenden Ausschusses des Kreishilfskomitees konnten bereits nach wenigen Tagen aus den eingegangenen Sammelspenden zur augenblicklichen Abhilfe der größten Not an einzelne Geschädigte und die Lokalhilfskomitees Beihilfen mit zusammen 62 960 Mk. gewährt werden.

Auch der **Vaterländische Frauenverein** beteiligte sich in dankenswerter Weise an dem Liebeswerk. Ihre Kgl. Hoheit, die Erbprinzessin von Meiningen, die erlauchte Vorsitzende des Verbandes der Vaterländischen Frauenvereine Schlesiens, welche während der Hochwasserkatastrophe auf Schloß Erdmannsdorf weilte, hat den schwergeschädigten Ortschaften und deren Bewohnern die regste Teilnahme nicht nur durch persönliche Besuche und Tröstungen, sondern auch durch viele Geldspenden bewiesen.

Bis zum 2. November sind dem Kreise Hirschberg an Privatsammelgeldern zugegangen 418 369 Mk. Außerdem sind für die Überschwemmten eingegangen und verteilt worden:

    296 Kolli Kleider und Wäsche
     64 Stück Möbel, Betten und Küchengerät
    300 Centner Kartoffeln
      3 Sack Roggen

3 Sack Weizen
1 Sack Zucker
10 Kisten Malzkaffee.

Die Thätigkeit der Behörden bestand in folgendem:
Der Landrat sowie auch der Kreisdeputierte Prinz Heinrich XXVIII. von Reuß besichtigten sofort die angerichteten Verheerungen und es wurden behördlicherseits sofort die zur Wiederherstellung des unterbrochenen Verkehrs auf Straßen, Wegen und Eisenbahnen nötigen Anordnungen getroffen. Auch der Herr Regierungspräsident, sowie der Herr Oberpräsident unterzogen in den nächsten Tagen nach der Katastrophe, später auch die Herren Minister des Innern, der öffentlichen Arbeiten und der Landwirtschaft, die Hochwasser=schäden einer eingehenden Besichtigung, und ihre Zusicherung ausreichender Hilfe wirkte überall beruhigend auf die aufgeregten Gemüter der Heim=gesuchten. —

Kreis und Gemeinden stellten die zur Ausführung der bringendsten und unaufschieblichen Arbeiten nötigen Geldmittel zur Verfügung.

Die Provinz hat bislang (Anfang November) keine Unterstützung ge=währt, da sie selbst an ihren Chausseen im Kreise so sehr geschädigt ist, ordnete aber sofort die nötigen Arbeiten zur Wiederherstellung des Ver=kehrs an.

Aus Staatsmitteln sind dem Kreise überwiesen worden:

am 20. August	vom Herrn Regierungspräsidenten:	1 500 Mk.	
= 9. Sept.	= =	21 000	=
= 20. Sept.	= = Oberpräsidenten	35 000	=
= 2. Nov.	= = =	60 000	=
	Summa	117 500 Mk.	

zur Verwendung als Beihilfe an leistungsunfähige Gemeinden und Private, in erster Linie zur Bestreitung der Kosten für Aufräumung verfüllter und ver=sandeter Flüsse, zur Wiederherstellung zerstörter Deiche, ferner zur Wieder=instandsetzung von Brücken, Wegen und anderen dem öffentlichen Verkehr dienenden Anlagen. Davon sind bereits 57 000 Mk. aufgebraucht. Leider fehlte es an den nötigen Arbeitskräften und auch, was noch mehr zu be=klagen ist, an technischen Beamten, um die bringendsten Aufräumungs= und Wiederherstellungsarbeiten sofort energisch und einheitlich betreiben zu können.

Der vom Herrn Minister für Landwirtschaft mit der örtlichen Be=arbeitung der Hochwasserflüsse im Hirschberger Thale betraute Regierungs=baumeister Dubislav traf mit dem Wiesenbaumeister Könschke erst am 20. August in Warmbrunn ein und beide begannen dann ihre vielseitige Amtsthätigkeit. Als weitere technische Hilfskraft trat später noch der Geometer Fitt hinzu.

Es waren, wie schon erwähnt, einige Tage nach der Katastrophe je ein Kommando vom 5., später auch vom 6. Pionierbataillon von etwa 120 Mann hierher beordert zum Bau von Notbrücken, zur Räumung der Flüsse, Befestigung der Ufer und Herstellung zerstörter Wege und im ganzen 9 Wochen lang beschäftigt. Später trafen noch auf Befehl des Generalkommandos VI. Armeecorps 120 Mann vom hiesigen Jägerbataillon und 240 Mann vom Königs=Grenadierregiment Nr. 7 aus Liegnitz zur Räumung der Flußbetten in Petersdorf, Giersdorf, Erdmannsdorf und Arnsdorf ein. Diese Kommandos blieben aber leider nur 5 Wochen hier; seit dem 23. Oktober sind sämtliche Militärkommandos zurückgezogen.

Aber diese geringe Zahl von Arbeitskräften vermochte in der kurzen Zeit und bei den überaus großen Verheerungen nicht einmal die bringendsten Arbeiten zu bewältigen. Neben den Militärkommandos sind zu Aufräumungsarbeiten und Uferbauten seit Ende August auswärtige Arbeiter herangezogen und zwar in Schmiedeberg von der Firma Wittkopp in Braunschweig 200 Mann und in Giersdorf von W. Bäumer in Oppeln 70 Mann.

Nach Abgang der Militärkommandos wurden die Flußräumungsarbeiten fortgesetzt, in Petersdorf mit 50 Mann vom Unternehmer Wernich in Hamburg, in Erdmannsdorf mit 100 Mann vom Unternehmer Schönlein in Thorn, in Arnsdorf mit 65 Mann von demselben Unternehmer. Der letztgenannte wird sonst von der Kgl. Eisenbahndirektion in Breslau beschäftigt und ist von dieser zu Räumungen der Flußläufe zur Verfügung gestellt.

Endlich sind in diesen Tagen (Anfang November) 95 Strafgefangene in Brückenberg, Giersdorf und Petersdorf zu Räumungsarbeiten bis zum Eintritt starken Frostes eingetroffen.

Die Beschaffung von Lebensmitteln, Futter, Saatgut, Dünger ist schon erwähnt.

Für die Sendung von Liebesgaben für die Überschwemmten ist vom Herrn Minister der öffentlichen Arbeiten Frachtfreiheit und für Bezug von Baumaterialien u. s. w. seitens der Geschädigten Frachtermäßigung bewilligt worden.

Die hiesige Presse hat sich sehr der Überschwemmten angenommen und Angriffe über die angebliche Langsamkeit der Hilfeleistung seitens des Staates und der Privatwohlthätigkeit weniger hören lassen, als die auswärtige.

Am 21. September traf Ihre Majestät die Kaiserin und Königin in Hirschberg ein, um die durch Hochwasser verursachten Verheerungen in Schmiedeberg (und Marklissa) zu besichtigen, in Hirschberg von den Vorständen des Vaterländischen Frauen=Vereins über deren Thätigkeit Bericht entgegenzunehmen und ihre Teilnahme an dem Unglück der Überschwemmten zu bezeugen. Ihre Majestät begab sich persönlich in die Wohnungen einiger Geschädigter, tröstete diese mit huldvollen Worten und überreichte ihnen zur Linderung der Not ansehnliche Geldgeschenke im Betrage von zusammen 21500 Mk.

Auch Seine Majestät der Kaiser und König besuchte am 8. November den Kreis Hirschberg, um Sich von den Hochwasserschäden in einigen der am schwersten getroffenen Ortschaften zu überzeugen. Se. Majestät besichtigte die Schäden in den Sechsstätten (einer Vorstadt von Hirsch=

berg), Giersdorf, Birkicht, Querseiffen, Krummhübel und am Waldhause in Brückenberg.

Diese Besuche erweckten in der Bevölkerung große Freude und die besten Hoffnungen für die Zukunft.

In **sanitärer Beziehung** ist zu bemerken, daß überall, soweit nötig, Kohlen verteilt wurden, um die durchfeuchteten Wohnungen auszutrocknen. Die verschlämmten Dielenfüllungen sind durch neues trockenes und desinfiziertes Material ersetzt und die Dielen erneut worden. Ebenso hat eine Reinigung und Desinfizierung der überschwemmten Räume stattgefunden. Alle diese Arbeiten sind auf specielle Anordnung und unter Aufsicht der Ortspolizeibehörden ausgeführt und hierzu ca. 28 000 Mk. Beihilfen gewährt worden. Die Freilegung der Gebäude von Sand und Geröll, sowie deren Austrocknung und Entfeuchtung ist nach Kräften gefördert.

Die Aufräumungs- und Wiederherstellungsarbeiten an Eisenbahnen, Chausseen und Wegen sind so weit fortgeschritten, daß nirgends der Verkehr behindert wird. Die beschädigten Brücken sind ausgebessert und an Stelle der fortgerissenen Notbrücken hergestellt. Der Bau der neuen Brücken, sowie die Uferbauten zum größten Teile können erst im nächsten Jahre in Angriff genommen werden."

So lautet in Beziehung auf die Hilfsthätigkeit mit wenig redaktionellen Änderungen und Weglassungen der Bericht des Landrats für den Kreis Hirschberg. Ich brauche wohl kaum hinzuzufügen, daß er vollständig objektiv und wahr ist, und daß er übereinstimmt mit den Eindrücken, die ich, als ein jeder amtlichen Thätigkeit Fernstehender, von dem, was sich unter meinen Augen ereignete, empfing.

Ist dieser Bericht aber mit seiner Übersichtlichkeit gleichsam von hoher Warte aus und in der Vogelperspektive gesehen, abgefaßt, so lag mir doch daran, auch die Wahrnehmungen und Ansichten derer kennen zu lernen, die selbstthätig inmitten ihrer Gemeinde an dem Liebeswerk sich beteiligt haben. Ich richtete demnach an 13 zum größten Teil mir persönlich wohlbekannte Personen aus den verschiedensten geschädigten Ortschaften, Bürgermeister, Amts- und Gemeindevorsteher, sowie Damen vom Vaterländischen Frauenverein nachstehendes von je einem Fragebogen begleitete Schreiben.

Hirschberg, im April 1898.

P. P.

Von dem "Deutschen Verein für Armenpflege und Wohlthätigkeit" (Vorsitzender: Landtagsabgeordneter Seyffardt in Krefeld) bin ich aufgefordert worden, über die Fürsorge für die beim vorjährigen Hochwasser in hiesiger Gegend Geschädigten einen zusammenfassenden Bericht abzustatten. Derselbe soll die schon vorliegenden offiziellen Berichte der Behörden ergänzen durch Beobachtungen über die Not und Liebesthätigkeit im einzelnen, durch Darlegung der Einwirkung des Ereignisses und seiner Folgen auf die Gemüter der Menschen, durch Mitteilung über die freiwillige Organisation der ersten Hilfe, über die Zusammenfassung und Regelung derselben in späterer Zeit, über die Fehler sowohl, die dabei gemacht wurden, als über die Einrichtungen, die sich besonders bewährt haben, durch Aufzählung der Lehren, die aus dem gegenwärtigen Unglück für die Zukunft zu ziehen sind u. dgl.

Dieses Ziel ist aber nur zu erreichen durch freundliche Unterstützung derjenigen Männer und Frauen, die mitten in dem Liebeswerk gestanden haben. Ich wende mich daher an die Herren Bürgermeister, Amts= und Gemeindevorsteher, an die Damen vom Vaterländischen Frauenverein mit der ergebenen Bitte, meine Arbeit durch Ausfüllung des beigelegten Fragebogens zu fördern und mir die Antworten bis 1. Mai a. c. zukommen zu lassen.

Mit vielem Dank im voraus hochachtungsvoll

Dr. Baer.

Ich hatte die Freude, daß ich alle 13 Fragebogen zu festgesetzter Zeit ausgefüllt zurückerhielt. Ich werde nun in folgendem jede Frage mit den 13 Antworten immer in derselben Reihenfolge mitteilen.

Fragebogen

über die Hilfsthätigkeit für die beim Hochwasser vom 30. Juli 1897 Geschädigten des Hirschberger Kreises.

I. Worin bestand die erste Rettungs= und Hilfsthätigkeit bei dem Hochwasser?

1. Antwort aus Hirschberg (Bürgermeister):

In der Thätigkeit der Mannschaften des Jägerbataillons von Neumann, der freiwilligen Turnerfeuerwehr, sowie einzelner beherzter Bürger zur Rettung der in Lebensgefahr befindlichen Bewohner der überschwemmten Häuser; ferner in der Thätigkeit der Jäger und des requirierten Pionierbataillons Nr. 5 aus Glogau bei den Aufräumungsarbeiten und bei der Wiederherstellung zerstörter Brücken u. s. w., endlich in der Gewährung von Obdach und Speisen an Hochwassergeschädigte und Bereitstellung von Feuerungsmaterial zum Austrocknen der überschwemmt gewesenen Wohnungen.

2. Antwort aus Hirschberg (Schatzmeister des Komitees):

Als das Hochwasser noch stand, war in der Sandvorstadt ein Kahn thätig, welcher Brot zu den Überschwemmten brachte. An den Brücken (Sechsstätten) wurde diese Thätigkeit von Jägern des 5. Bataillons geübt; sie hatten sich kleine Flöße gebaut und fuhren damit von Haus zu Haus.

3. Antwort aus Hirschberg (Vorsitzende des Vaterl. Frauenvereins):
vacat.

4. Antwort aus Cunnersdorf am Zacken (Amtsvorsteher):
In Retten von Menschen aus gefährdeten Häusern. Es wurden ca. 20 Menschen gerettet.

5. Antwort aus Herischdorf am Zacken (Vorsitzende b. Vaterl. Frauenvereins):
Die Ortsbehörde stellte sofort durch persönliche Besichtigung den Umfang des Wasserschadens im einzelnen fest. Als erstes Bedürfnis stellte sich die Lieferung von Brennmaterial heraus, dem sofort entsprochen wurde. Es kommt hierbei darauf an, jeden Beschädigten anzuregen, die eingedrungene Feuchtigkeit sofort zu bekämpfen. Man darf sich bei dieser Verteilung von Brennmaterial nicht durch Rücksicht auf Würdigkeit, Besitzverhältnisse u. s. w. leiten lassen. Maßgebender Gesichtspunkt: Schnelle Hilfe überall!

6. Antwort aus Warmbrunn am Zacken (Amtsvorsteher):
In gegenseitiger Hilfe der Gefährdeten.

7. Antwort aus Hermsdorf u. K. am Heidewasser (Amtsvorsteher):
In Aufwendung der freiwilligen Feuerwehr.

8. Aus Petersdorf am Zacken (Amtsvorsteher):
Am ersten Abend ging die Hilfsthätigkeit von der Feuerwehr aus. Sonstige Hilfe war auch weniger zu erwarten, da beinahe Jeder bedroht war und Hilfe in der finsteren Nacht auch nicht angängig war.

9. Antwort aus Giersdorf am Giersdorfer Wasser (Gemeindevorsteher):
In Rettung von Menschen und Vieh durch gegenseitige Unterstützung der Gemeindemitglieder.

10. Antwort aus Erdmannsdorf an der Lomnitz (Amtsvorsteher):
Die Feuerwehr leistete den Bedrängten während der Katastrophe Hilfe.

11. Antwort aus Erdmannsdorf (Vorsitzende des Vaterl. Frauenvereins):
In der Hochwassernacht war die Ortsfeuerwehr zur Hilfeleistung thätig. Die Nachbarn standen den Gefährdeten bei. Jeder war bereit zu helfen, wo es Not that.

12. Antwort aus Schmiedeberg an der Eglitz (Bürgermeister):
Da die hiesige Feuerwehr statutenmäßig zugleich als Wasserwehr fungiert, wurde dieselbe in der Nacht vom 29./30. Juli alarmiert, wie dies schon bei früheren Hochwassern geschehen ist; mit Fackeln versehen, da wegen der an einzelnen Stellen durchbrochenen Gasstränge der

Haupthahn abgesperrt werden mußte, und an den gefährdeten Stellen, namentlich den Brücken, deren Einsturz zu befürchten war, postiert. Bei dem ununterbrochenen Regen und der Finsternis mußte die Feuerwehr sich auf Räumung der einstürzenden Häuser beschränken.

13. Antwort aus Krummhübel an der Lomnitz (Vorsitzender der Feuerwehr):

In der Rettung von Menschen und Vieh, sowie einiger Wertsachen und Mobilien.

II. Wann und von wem wurde die Hilfsthätigkeit zuerst organisiert?

1. Antwort aus Hirschberg (Bürgermeister):

Sofort nach dem Ablaufen des Hochwassers, bereits in den ersten Tagen des Monats August durch die städtische Behörde und den Vorstand des Vaterl. Frauenvereins (Hirschberg-Stadt).

2. Antwort aus Hirschberg (Schatzmeister):

Soviel mir bekannt, wurde die Hilfsthätigkeit zuerst organisiert durch ein Komitee, welches sich infolge eines Aufrufs des Herrn Oberbürgermeisters Richter gebildet hatte. Als Vorsitzender wurde der Oberbürgermeister gewählt, als sein Stellvertreter der Bürgermeister Hartung, für Bausachen Baurat Schliebs, dann die fünf Bezirksvorsteher der überschwemmten Bezirke, die Kasse übernahm der Berichterstatter.

3. Antwort aus Hirschberg (Vors. des Vaterl. Frauenvereins):

vacat.

4. Antwort aus Cunnersdorf (Amtsvorsteher):

Morgens 6 Uhr durch den Amtsvorsteher, dessen Stellvertreter, Mitglieder der freiwilligen Feuerwehr und des Jägerkommandos.

5. Antwort aus Herischdorf (Vors. des Vaterl. Frauenvereins):

Am Tage nach der Katastrophe von der Ortsbehörde.

6. Antwort aus Warmbrunn (Amtsvorsteher):

Es bildeten sich in Herischdorf und Warmbrunn Komitees zur Sammlung von Geldern, die bei dem regen Fremdenverkehr reichlich eingingen.

7. Antwort aus Hermsdorf (Amtsvorsteher):

Auf Veranlassung des Amtsvorstehers durch den Brandmeister.

8. Antwort aus Petersdorf (Amtsvorsteher):

Eine Organisation konnte im nämlichen Augenblicke nicht erfolgen, da das Unglück zu rasch eintrat.

9. Antwort aus Giersdorf (Gemeindevorsteher):

Eine Organisation konnte nicht erfolgen, da das ganze Dorf dem Wasser entlang in Mitleidenschaft gezogen war, so daß jeder Betroffene nur auf nachbarliche Hilfe angewiesen war.

10. Antwort aus Erdmannsdorf (Amtsvorsteher):

Die Alarmierung der Feuerwehr geschah auf Befehl des Branddirektors.

11. Antwort aus Erdmannsdorf (Vaterl. Frauenverein):

Die erste Hilfeleistung organisierte sich naturgemäß durch die Vorstände des Ortes.

12. Antwort aus Schmiedeberg (Bürgermeister):

Bereits unter I. beantwortet.

13. Antwort aus Krummhübel (Vorst. d. Feuerwehr):

Durch die freiwillige Feuerwehr.

III. Wie geschah die Unterbringung der Obdachlosen? Freiwillig oder auf Anordnung der Behörde? In Privathäusern oder in Gasthäusern und sonstigen öffentlichen Räumen?

1. Antwort aus Hirschberg (Bürgermeister):

Teilweise fanden die Obdachlosen Unterkommen in den oberen Stockwerken der überschwemmten Häuser oder sonst bei befreundeten Familien in nicht betroffenen Häusern. Nur in vereinzelten Fällen mußte seitens des Magistrats für Unterbringung in Gasthäusern, bezw. Privatwohnungen auf städtische Kosten für wenige Tage gesorgt werden.

2. Antwort aus Hirschberg (Schatzmeister):

Obdachlose waren nicht unterzubringen, da die Wohnräume nur einige Stunden unter Wasser gestanden hatten. Bis die überschwemmten Wohnräume wieder gereinigt waren, wurden die Überschwemmten von den Bewohnern der oberen Stockwerke aufgenommen. Von der Polizei waren Vorkehrungen getroffen, um etwaige Bedürftige in einzelnen Gasthäusern aufzunehmen. Soviel mir bekannt, ist diese Vergünstigung nirgends benutzt worden.

3. Antwort aus Hirschberg (Vaterl. Frauenverein):

Die meisten Familien haben sich tagelang in den Dachstuben der überschwemmten Häuser aufgehalten. Ein Teil der Leute wurde in Gasthäusern untergebracht.

4. Antwort aus Cunnersdorf (Amtsvorsteher):

Freiwillig; im übrigen wurden die meisten Häuser nach dem Fallen des Wassers wieder bezogen.

5. Antwort aus Herischdorf (Vaterl. Frauenverein):
Durch die Hochflut waren die Gebäude nicht derartig zerstört, daß den Familien nicht noch ein Obdach, wenn auch ein kümmerliches, geblieben wäre. Die Leute sträubten sich auch ihre Heimstätten zu verlassen. Die Nachbarn halfen sich gegenseitig aus.

6. Antwort aus Warmbrunn (Amtsvorsteher):
Freiwillig in Privathäusern und den höher gelegenen Etagen.

7. Antwort aus Hermsdorf (Amtsvorsteher):
Freiwillig in Privathäusern.

8. Antwort aus Petersdorf (Amtsvorsteher):
Freiwillig, und zum größten Teil in Privathäusern.

9. Antwort aus Giersdorf (Gemeindevorsteher):
Die Obdachlosen sind freiwillig in Privathäusern untergebracht worden.

10. Antwort aus Erdmannsdorf (Amtsvorsteher):
Zwei Familien wurden von Privatpersonen in Gasthäusern untergebracht.

11. Antwort aus Erdmannsdorf (Vors. d. Vaterl. Frauenvereins):
Durch nachbarliche Aufnahme.

12. Antwort aus Schmiedeberg (Bürgermeister):
Die Unterbringung der Obdachlosen erfolgte, soweit sie nicht schon freiwillig bei den Nachbarn aufgenommen waren, auf Anordnung der Behörde in Gasthäusern.

13. Antwort aus Krummhübel (Vors. der Feuerwehr):
Die Obdachlosen fanden freiwillige Aufnahme in Gast- uud Logierhäusern.

IV. Wie erfolgte die Ernährung der Überschwemmten?

1. Antwort aus Hirschberg (Bürgermeister):
Durch Verteilung von Broten und warmem Mittagessen aus der Volksküche, sowie von Kartoffeln. Die Mittel hierfür wurden teilweise aus der Kämmereikasse bezahlt, teils durch Spenden Privater und des Vaterl. Frauenvereins aufgebracht.

2. Antwort aus Hirschberg (Schatzmeister):
Da die Kochöfen nach kurzer Zeit wieder benutzt werden konnten, so war ein eigentliches Unterbrechen des Kochens der Hausfrauen nicht eingetreten. Soviel mir bekannt, wurden indes an Bedürftige aus der Volksküche Speisen verabfolgt.

3. Antwort aus Hirschberg (Vors. des Vaterl. Frauenvereins):
   Die Ernährung fand durch Verteilung von Brot, Kartoffeln und Essen aus der Volksküche statt, und zwar aus städtischen Mitteln und solchen des Vaterl. Frauenvereins.

4. Antwort aus Cunnersdorf (Amtsvorsteher):
   Durch nicht überschwemmte Nachbarsleute.

5. Antwort aus Herischdorf (Vors. des Vaterl. Frauenvereins):
   Die Organisation der Ernährung fand sich erst allmählich. Es ist wohl vorgekommen, daß Leute in den ersten Tagen kaum etwas gegessen haben. Als die Notwendigkeit andauernder kräftiger Ernährung sich ergab, auch, um die Leute gegen befürchtete Erkrankungen widerstandsfähiger zu machen, wurden von der Privatwohlthätigkeit Nahrungsmittel zur Verfügung gestellt. Erbsen, Reis, Graupen, Mehl, Kaffee wurden ungekocht verteilt. Sehr zu statten kamen unter den reichlichen Gaben des Vaterl. Frauenvereins 2000 Suppentafeln (von Scheller in Hildburghausen), von denen jede 4 Teller kräftiger, schmackhafter Suppe giebt. Auch hat es sich sehr bewährt, von dem geschenkten Korn Brot backen und an einem bestimmten Tage jeder Woche austeilen zu lassen. — Eine Volksküche wurde eingerichtet und im Januar und Februar täglich, mit Ausnahme der Sonntage, 40 l dicke Suppe, auf jedes Liter 100 g gekochtes Fleisch, an Witwen, einzelne alte Männer und kinderreiche Familien umsonst verabreicht.

6. Antwort aus Warmbrunn (Amtsvorsteher):
   Durch die Nachbarn der Beschädigten.

7. Antwort aus Hermsdorf (Amtsvorsteher):
   Die Verpflegung geschah unentgeltlich durch diejenigen Privatpersonen, welche die Obdachlosen aufgenommen hatten, in bereitwilligster Weise.

8. Antwort aus Petersdorf (Amtsvorsteher):
   Im großen und ganzen fanden die Überschwemmten dort, wo sie Obdach gesucht hatten, auch Lebensunterhalt.

9. Antwort aus Giersdorf (Gemeindevorsteher):
   Schon am ersten Tage war der Gemeindevorstand in der Lage, von eingezogenen Liebesgaben der hier wohnenden Sommerfrischler Unterstützungen an Barmitteln zu verteilen.

10. Antwort aus Erdmannsdorf (Amtsvorsteher):
    Es litt niemand Mangel an Mundvorrat.

11. Antwort aus Erdmannsdorf (Vors. des Vaterl. Frauenvereins):
    Es wurden sofort Lebensmittel durch den Vaterl. Frauenverein verteilt.

12. Antwort aus Schmiedeberg (Bürgermeister):
   Die Ernährung bedürftiger Überschwemmter konnte durch Privatwohlthätigkeit befriedigt werden.

13. Antwort aus Krummhübel (Vors. d. Feuerwehr):
   Die hiesigen Überschwemmten bekamen von befreundeter Seite genügend Lebensmittel.

V. Wann und von wem kam die erste Hilfe von auswärts? In Geld, Naturalien oder Arbeitskräften?

1. Antwort aus Hirschberg (Bürgermeister):
   Die erste Hilfe von auswärts kam sofort nach dem Bekanntwerden der Katastrophe durch Übersendung von 300 Mark seitens der Frau Erbprinzessin von Sachsen-Meiningen an den Vorstand des hiesigen Vaterl. Frauenvereins. Alsdann folgten sehr rasch von den Vaterl. Frauen- und anderen Vereinen, von Behörden und Privatpersonen reiche Geldspenden, Lebensmittel, Kleidungsstücke und andere Materialien, teils zu Händen des Magistrats, teils des Vaterl. Frauenvereins. Arbeitskräfte sandte auf Ersuchen des Magistrats das Pionierbataillon Nr. 5 zu Glogau zur ersten Beseitigung der Überschwemmungsschäden.

2. Antwort aus Hirschberg (Schatzmeister):
   Die erste auswärtige Hilfe kam von Breslau und Berlin. Sie bestand in Geld und Kleidungsstücken. Der große Vaterl. Frauenverein hatte sich der Sache sehr warm angenommen und war hervorragend thätig in der Verteilung von Geld und Kleidungsstücken.

3. Antwort aus Hirschberg (Vors. d. Vaterl. Frauenvereins):
   J. K. H. die Frau Erbprinzessin von Sachsen-Meiningen sandte die ersten 300 Mk. aus Erdmannsdorf. Dann folgten Gelder, Kleidungsstücke 2c. von allen Seiten.

4. Antwort aus Cunnersdorf (Amtsvorsteher):
   Ein Jägerkommando aus Hirschberg am 30. Juli früh gegen 7 Uhr. Geld und Kleidungsstücke trafen schon 2 Tage nachher ein.

5. Antwort aus Herischdorf (Vors. d. Vaterl. Frauenvereins):
   Die erste Hilfe kam durch Private in- und außerhalb des Ortes. Ein helfendes Eingreifen mit materiellen Mitteln seitens der Behörden wurde nicht bemerkbar. Arbeitskräfte wurden weder gestellt noch verlangt.

6. Antwort aus Warmbrunn (Amtsvorsteher):
   Durch Sammlungen in den Ortschaften in Geld.

7. Antwort aus Hermsdorf (Amtsvorsteher):
   Die zur Zeit des Hochwassers hier wohnenden Fremden und wohlhabende Besitzer des Ortes brachten die ersten Geldmittel durch private

Sammlung auf und zwar innerhalb der ersten 3 Tage nach der Katastrophe. Später kam Hilfe durch den Frauenverein, das Kreis- und Lokalkomitee.

8. Antwort aus Petersdorf (Amtsvorsteher):
Verschiedene freiwillige Geldunterstützungen, wobei hauptsächlich die Sammlungen durch Zeitungen bemerkenswert waren.

9. Antwort aus Giersdorf (Gemeindevorsteher):
Die erste Hilfe wurde von Sommerfrischlern der Ortschaften Hain und Saalberg gewährt und bestand in Geld. Einige Tage später gingen Unterstützungen von der Frau Erbprinzessin von Meiningen, dem Kgl. Landrat, der Stadt Breslau, der Vossischen Zeitung u. a. ein.

10. Antwort aus Erdmannsdorf (Amtsvorsteher):
Die erste Hilfe kam von Leuten, die hier teils Villen besitzen, teils durch irgend welche Beziehungen dem Orte nahestehen. Es wurden zumeist Geld und Kleidungsstücke gesandt. Der Staat schickte ein Militärkommando zu Aufräumungsarbeiten.

11. Antwort aus Erdmannsdorf (Vors. des Vaterl. Frauenvereins):
Es wurden zunächst Geldunterstützungen verteilt durch die hier anwesende Frau Erbprinzeß von Sachsen-Meiningen K. H. und durch ein von Herrn von Wallenberg (Besitzer einer hiesigen Villa), gebildetes Komitee. Zur Wiederherstellung der zerstörten Eisenbahn und der Brücken wurden sofort militärische Arbeitskräfte durch S. H. den Erbprinzen von Sachsen-Meiningen befohlen.

12. Antwort aus Schmiedeberg (Bürgermeister):
Die Hohenwieser Feuerwehr eilte in der Unglücksnacht zuerst zu Hilfe. Bei dem Mangel an Arbeitskräften mußte für die Räumungsarbeiten bei dem Generalkommando, V. Armeecorps, militärische Hilfe nachgesucht werden, die am 1. August hier eintraf und bis zum 19. Oktober hier verblieb. Von da ab sind die Räumungsarbeiten, Uferbauten ꝛc. den Unternehmern Wittkoppsche Erben in Braunschweig, die wir als eine sehr reelle Firma empfehlen können, übertragen worden. Der hier aus den Spitzen der Behörden gebildeten Verteilungskommission sind nach den Bekanntmachungen in den öffentlichen Blättern von nah und fern in unerwarteter Weise und in reichem Maße Gelder, Bekleidungsgegenstände und Naturalien zugegangen.

13. Antwort aus Krummhübel (Vors. der Feuerwehr):
Die erste Hilfe wurde von den hier wohnenden Sommergästen gebracht durch freiwillige Sammlungen und zwar schon in den ersten Tagen des August. Die ersten Unterstützungen von auswärts kamen von Mitte August ab. Sie bestanden in Geld, Kleidungsstücken und Kohlen. Große Unterstützungen trafen ein vom Vaterl. Frauenverein und von verschiedenen Zeitungen, namentlich der Vossischen und von den Hilfskomitees.

VI. Wie geschah die Verteilung der Unterstützungen in Geld, Kleidern und Lebensmitteln?

    a. Wer leitete die Verteilung?
    b. Blieb sie von Anfang an in denselben Händen?
    c. Bildeten sich später besondere Komitees oder sonstige Vereinigungen?
    d. Nahmen Frauen an der Verteilung teil und in welchem Maße?

1. Antwort aus Hirschberg (Bürgermeister):

Die Verteilung leitete das sofort gebildete städtische Hilfskomitee und der Vorstand des Vaterl. Frauenvereins unter thätiger Mithilfe der Bezirksvorsteher. Kleidungsstücke und Lebensmittel wurden nach Übereinkunft mit der städtischen Behörde ausschließlich durch den Vaterl. Frauenverein verteilt.

Diese Ordnung blieb bestehen.

Neben dem bereits in der ersten Woche nach Eintritt der Katastrophe bestehenden städtischen Hilfskomitee bestand ein solches für den Kreis Hirschberg und ein Central-Hilfskomitee für den ganzen Regierungsbezirk. An den Sammlungen beteiligten sich auch einige kommunale Vereine, besonders auch der Riesengebirgsverein.

Damen nahmen an der Verteilung hauptsächlich teil als Mitglieder des Vaterl. Frauenvereins. Auch sonst verteilten einzelne Damen, leider nicht systematisch, ihnen direkt von auswärts durch Private zugegangene Hilfsgelder.

2. Antwort aus Hirschberg (Schatzmeister):

Von seiten der Stadt geschah die Verteilung durch die Bezirks-Vorsteher, namentlich Kohlen zum Ausheizen der Wohnräume und Kartoffeln (200 Centner).

Die Verteilung blieb in denselben Händen.

Später kam der Vaterl. Frauenverein hinzu. Der Riesengebirgsverein hatte 11 000 Mk. gesammelt und verteilte sie durch seine besonderen Organe.

Die Damen vom Vaterl. Frauenverein waren hervorragend und unermüdlich thätig.

3. Antwort aus Hirschberg (Vaterl. Frauenverein):

Die Verteilung von Kleidungsstücken, Hausgeräten und Lebensmitteln übernahm der Vaterl. Frauenverein.

4. Antwort aus Cunnersdorf (Amtsvorsteher):

Die Verteilung lag in den Händen des Lokalkomitees unter dem Vorsitz des Amtsvorstehers. Die Frauen verteilten alle anlangenden Kleidungsstücke.

5. Antwort aus Herischdorf (Vors. des Vaterl. Frauenvereins):
Die Verteilung besorgte die Ortsbehörde und im Einverständnis mit dieser der Vaterl. Frauenverein. Außerdem beteiligten sich daran die beiden Gemeindediakonissen.

6. Antwort aus Warmbrunn (Amtsvorsteher):
Die gebildeten Komitees. Frauen nahmen direkt nicht teil, sondern indirekt durch die vom Vaterl. Frauenverein gewährten Geldmittel.

7. Antwort aus Hermsdorf (Amtsvorsteher):
Die Verteilung besorgte der Gemeindevorstand und das Lokalkomitee.
Die erste freiwillige Sammlung hat der evangel. Ortsgeistliche unter Zuziehung des Gemeindevorstehers veranstaltet.
Frauen nahmen an der Verteilung nicht teil.

8. Antwort aus Petersdorf (Amtsvorsteher):
Ein unter dem Vorsitz des Amtsvorstehers gebildetes Hilfskomitee besorgte die Verteilung.
Nur bei Kleiderverteilungen wurden Frauen zugezogen.

9. Antwort aus Giersdorf (Gemeindevorsteher):
Ein Komitee, bestehend aus Amts- und Gemeindevorstand, Pastor und einigen Gemeindemitgliedern.
Dasselbe blieb bestehen. Frauen nahmen daran nicht teil.

10. Antwort aus Erdmannsdorf (Amtsvorsteher):
Der Amtsvorsteher und die Vorsitzende der hiesigen Sektion des Vaterl. Frauenvereins.
Es wurde sofort nach der Überschwemmung ein Komitee zur Verteilung der Gaben gebildet.
Die Frauen der Komiteemitglieder übernahmen die Verteilung der eingegangenen Kleidungsstücke und anderer Gaben.

11. Antwort aus Erdmannsdorf (Vaterl. Frauenverein):
Die Verteilung leitete der Zweigverein des Vaterl. Frauenvereins, resp. dessen Vorsitzende, Frau v. Münchhausen, geb. v. Scharnhorst.
Es bildeten sich keine weiteren Vereinigungen, doch erhielt der Amtsvorsteher wiederholentlich durch den Landrat Geldsummen zur Verteilung überwiesen.

12. Antwort aus Schmiedeberg (Bürgermeister):
Die Verteilung leitete die schon erwähnte Kommission, welche bestehen blieb und Damen der Stadt zur Verteilung der Kleidungsstücke kooptierte.

13. Antwort aus Krummhübel (Feuerwehr):
Die Verteilung leitete der Ortsvorstand und das Hilfskomitee.
Frauen nahmen daran nicht teil.

VII. Waren bei der Verteilung von vornherein bestimmte Grundsätze, z. B. nach der Bedürftigkeit, nach der Höhe des Schadens etc., maßgebend? Oder wurden solche Grundsätze erst später von der Behörde festgestellt?

1. Antwort aus Hirschberg (Bürgermeister):
   Die Verteilung erfolgte von vornherein nach Bedürftigkeit und Billigkeit, selbstverständlich unter Berücksichtigung der Höhe des Schadens im Einzelfalle. Besondere Grundsätze hierfür sind von der Behörde nicht aufgestellt worden.

2. Antwort aus Hirschberg (Schatzmeister):
   Die Schäden wurden von besonderen sachverständigen Kommissionen des Magistrats festgestellt. Die Besitzer von beschädigten Häusern erhielten ca. 90 % des Verlustes.

3. Antwort aus Hirschberg (Vaterl. Frauenverein):
   Von Anfang an wurde nach Bedürftigkeit und Billigkeit verteilt, nach Verständigung mit den Bezirksvorstehern.

4. Antwort aus Cunnersdorf (Amtsvorsteher):
   Nach der Bedürftigkeit und der Höhe des Schadens.

5. Antwort aus Herischdorf (Vaterl. Frauenverein):
   Die Verteilung geschah auf Grund von sofort aufgestellten Listen, aus denen die Vermögenslage und der festgesetzte Schaden zu ersehen war.

6. Antwort aus Warmbrunn (Amtsvorsteher):
   Nach der Bedürftigkeit.

7. Antwort aus Hermsdorf (Amtsvorsteher):
   Nach Höhe des Schadens unter Berücksichtigung der Bedürftigkeit.

8. Antwort aus Petersdorf (Amtsvorsteher):
   Unter Berücksichtigung des Schadens und der Bedürftigkeit.

9. Antwort aus Giersdorf (Gemeindevorsteher):
   Es wurden von vornherein bestimmte Grundsätze, und zwar Berücksichtigung der Bedürftigkeit und Höhe des Schadens, ins Auge gefaßt und stets festgehalten.

10. Antwort aus Erdmannsdorf (Amtsvorsteher):
    Anfänglich wurde Geld nur an die Bedürftigsten verteilt. Später erhielten alle Beteiligten Geldspenden im Verhältnis zu ihrem Schaden.

11. Antwort aus Erdmannsdorf (Vaterl. Frauenverein):
    Man bestrebte sich, die Unterstützungen nach der Höhe des Schadens der Einzelnen zu bemessen.

12. Antwort aus Schmiedeberg (Bürgermeister):
 Bei der Verteilung wurden die Beschädigten nach der Höhe des Schadens in 3 Klassen eingeteilt, und erhielten
 die meist Beschädigten 45 % Ersatz
 die weniger Beschädigten 30 %   =
 die am wenigsten Beschädigten 15 %   =

13. Antwort aus Krummhübel (Feuerwehr):
 Nach Feststellung des Schadens erfolgte die Verteilung nach der Bedürftigkeit in Prozenten.

VIII. Traten bei der Verteilung auffallende Beispiele von Unzufriedenheit, Neid und Mißgunst zu Tage?

1. Antwort aus Hirschberg (Bürgermeister):
 Abgesehen von vereinzelten Fällen, die immer und überall vorkommen werden: nein!

2. Antwort aus Hirschberg (Schatzmeister):
 Ja; es war betrübend, wie gerade nach dem Besuche J. M. der Kaiserin der Neid und die Mißgunst hervortrat. Jeder der Überschwemmten glaubte der Bedürftigste zu sein und machte den Männern, welche einzelne Geschädigte zur Vorstellung bei der Kaiserin nach dem Rathause bestellt hatten, Vorwürfe, daß nicht auch er unter diesen Auserwählten war. Ich muß sagen, daß dies eins der trübsten Bilder bei dem Unglück war, und einem manchmal die Thätigkeit in Sachen der Überschwemmten verleidete.

3. Antwort aus Hirschberg (Vaterl. Frauenverein):
 Im großen und ganzen darf man sagen, daß die meisten Menschen ihr schweres Leid mit Würde getragen haben. In manchen Fällen traten arme Leute bescheiden zurück, um noch schwerer Heimgesuchten Platz zu machen. Nur zum Schluß war hie und da Unzufriedenheit merkbar.

4. Antwort aus Cunnersdorf (Amtsvorsteher):
 Ja, sehr häufig Neid und Mißgunst, Versuche zu übervorteilen.

5. Antwort aus Herischdorf (Vaterl. Frauenverein):
 Nein.

6. Antwort aus Warmbrunn (Amtsvorsteher):
 Ja.

7. Antwort aus Hermsdorf (Amtsvorsteher):
 Nein! Einzelne Unzufriedenheiten hatten ihren Grund darin, daß der erlittene Schaden bei der ersten Abschätzung zu niedrig bewertet worden war.

8. Antwort aus Petersdorf (Amtsvorsteher):
    Zum Teil: Ja!
9. Antwort aus Giersdorf (Amtsvorsteher):
    Ja!
10. Antwort aus Erbmannsdorf (Amtsvorsteher):
    Nein!
11. Antwort aus Erbmannsdorf (Vaterl. Frauenverein):
    Im ganzen blieb die Bevölkerung ruhig und erwies sich dankbar für die Teilnahme und die erwiesene Hilfe.
12. Antwort aus Schmiedeberg (Bürgermeister):
    Bei den großen Schäden, welche Private namentlich an ihren Häusern und Ufermauern erlitten haben, konnten trotz der reichlich eingegangenen Gelder die erhobenen Ansprüche nur zum Teil befriedigt werden. Auffallende Beispiele von Unzufriedenheit sind leider auch hier hervorgetreten.
13. Antwort aus Krummhübel (Feuerwehr):
    Allerdings kamen auch vereinzelte Fälle von Unzufriedenheit und Mißgunst vor.

IX. Konnten trotz der reichlichen Spenden einzelne Personen nicht vor dem wirtschaftlichen Ruin gerettet werden?

1. Antwort aus Hirschberg (Bürgermeister):
    Daß Hochwassergeschädigte dem völligen Ruin anheim gefallen wären, kann für den Bezirk der Stadt Hirschberg wohl nicht behauptet werden. Dem Ruin nahegebracht sind hier nur wenige (etwa 2—3 Fälle), für welche reiche Beihilfe aus den staatlichen Notstandsgeldern durch den Magistrat beantragt ist.
2. Antwort aus Hirschberg (Schatzmeister):
    Ein direkter Ruin durch das Hochwasser kann bei keinem der ca. 400 Überschwemmten nachgewiesen werden. Die beiden Familien, welche eine Staatsunterstützung erhalten sollen, waren schon vor der Überschwemmung in schlechter finanzieller Lage.
3. Antwort aus Hirschberg (Vaterl. Frauenverein):
    Es heißt, von zwei Familien wäre die Existenz vollständig gefährdet.
4. Antwort aus Cunnersdorf (Amtsvorsteher):
    Bis jetzt nichts bekannt.
5. Antwort aus Herischdorf (Vaterl. Frauenverein):
    Die Folgen für die einzelnen Familien sind bis jetzt noch nicht zu übersehen.

6. Antwort aus Warmbrunn (Amtsvorsteher):
   Hier nicht.
7. Antwort aus Hermsdorf (Amtsvorsteher):
   Nein.
8. Antwort aus Petersdorf (Amtsvorsteher):
   Nein.
9. Antwort aus Giersdorf (Gemeindevorsteher):
   Durch die reichlich eingegangenen Privatspenden und jetzt zu erwartenden Staatshilfsgelder wird es möglich sein, die noch vereinzelt dastehenden gefährdeten Existenzen vor gänzlichem Ruin zu bewahren.
10. Antwort aus Erdmannsdorf (Amtsvorsteher):
    Niemand.
11. Antwort aus Erdmannsdorf (Vaterl. Frauenverein):
    Nein, da genügende, fortdauernde Hilfe vorhanden war.
12. Antwort aus Schmiedeberg (Bürgermeister):
    Bei den reichlichen Gaben und den vom Staate gewährten Beihilfen war es möglich, die einzelnen Personen in ihrer wirtschaftlichen Lage zu erhalten.
13. Antwort aus Krummhübel (Feuerwehr):
    Bis jetzt sind alle Betroffenen wirtschaftlich erhalten.

X. Hat das Hochwasser durch vermehrte und besser bezahlte Arbeitsgelegenheit auf manche Personen in wirtschaftlicher Beziehung günstig eingewirkt?

1. Antwort aus Hirschberg (Bürgermeister):
   Von einer derartigen günstigen Einwirkung des Hochwassers läßt sich bei uns nicht reden.
2. Antwort aus Hirschberg (Schatzmeister):
   Vielfach werden jetzt höhere Löhne für Tagearbeiter gezahlt, 2,50 Mk. pro Tag, früher nur 2 Mk.
3. Antwort aus Hirschberg (Vaterl. Frauenverein):
   Davon ist nichts bekannt.
4. Antwort aus Cunnersdorf (Amtsvorsteher):
   Es ist teilweise Arbeitermangel eingetreten, namentlich bei der Landwirtschaft.
5. Antwort aus Herischdorf (Vaterl. Frauenverein):
   Hin und wieder bei manchem Tagarbeiter.

6. Antwort aus Warmbrunn (Amtsvorsteher):
   Reichlichere Arbeit, begünstigt durch den milden Winter, wurde gut bezahlt.

7. Antwort aus Hermsdorf (Amtsvorsteher):
   Ja, für die besitzlose und von der Überschwemmung nicht betroffene Arbeiterbevölkerung durch Erhöhung der Löhne.

8. Antwort aus Petersdorf (Amtsvorsteher):
   Zum Teil auf Maurer, Zimmerleute und Arbeiter.

9. Antwort aus Giersdorf (Gemeindevorsteher):
   Nein.

10. Antwort aus Erdmannsdorf (Amtsvorsteher):
    Nein.

11. Antwort aus Erdmannsdorf (Vaterl. Frauenverein):
    Dies könnte erst die Zukunft lehren.

12. Antwort aus Schmiedeberg (Bürgermeister):
    Der günstige milde Winter gestattete es, die Räumungsarbeiten ohne jede Unterbrechung fortzusetzen, sodaß die arbeitende Bevölkerung vollauf und bei hohen Löhnen fortgesetzt beschäftigt werden konnte.

13. Antwort aus Krummhübel (Feuerwehr):
    Die Löhne sind sehr hoch gestiegen.

XI. Aus welchen Ständen haben sich einzelne Personen, ohne durch ihre Stellung dazu verpflichtet zu sein, bei dem Liebeswerk durch besondere uneigennützige und eifrige Thätigkeit hervorgethan?

1. Antwort aus Hirschberg (Bürgermeister):
   Besonders hervorzuheben ist die wahrhaft aufopfernde Thätigkeit der Vorstandsdamen vom Vaterländischen Frauenverein beim persönlichen Aufsuchen der Geschädigten und der Verteilung der Unterstützungen. Außerdem verdient gerühmt zu werden die unermüdliche Thätigkeit der Bezirksvorsteher, welche beinahe über ihre Kräfte hinaus an der Beseitigung der traurigen Folgen des Hochwassers mitgearbeitet haben.

2. Antwort aus Hirschberg (Schatzmeister):
   Alle Klassen der Bewohner haben sich — jeder nach seinen Kräften — dabei beteiligt, aber vor allem unser Jägerbataillon.

3. Antwort aus Hirschberg (Vaterl. Frauenverein):
   Durch aufopferungsvolle Thätigkeit haben sich die Bezirksvorsteher hervorgethan.

4. Antwort aus Cunnersdorf (Amtsvorsteher):
   Aus allen Ständen.
5. Antwort aus Herischdorf (Vaterl. Frauenverein):
   Bauunternehmer W. Anforge durch persönliche Übernahme des ganzen Betriebes der Volksküche ohne jede Remuneration, unermüdliche Hilfe bei Verteilung der Naturalien.
6. Antwort aus Warmbrunn (Amtsvorsteher):
   vacat.
7. Antwort aus Hermsdorf (Amtsvorsteher):
   Aus allen Ständen.
8. Antwort aus Petersdorf (Amtsvorsteher):
   vacat.
9. Antwort aus Giersdorf (Gemeindevorsteher):
   Außer den dazu verpflichteten Personen (des Amts- und Gemeindevorstandes und des Herrn Geistlichen) hat sich niemand hervorgethan.
10. Antwort aus Erdmannsdorf (Amtsvorsteher):
    Der Arzt Dr. Hartwig und Gendarm Mathis.
11. Antwort aus Erdmannsdorf (Vaterl. Frauenverein):
    Man ging Hand in Hand. Jeder bestrebte sich zu helfen nach dem Beispiel, das von oben herab durch die hohe Vorsitzende des Vaterl. Frauenvereins gegeben wurde.
12. Antwort aus Schmiedeberg (Bürgermeister):
    Es kann nicht genug anerkannt werden und ist notorisch, daß J. K. H. die Prinzessin von Sachsen-Meiningen und deren hoher Gemahl bei ihrer Anwesenheit auf Schloß Erdmannsdorf zur Zeit der Überschwemmung sofort mit aller Energie und nachhaltig für den ganzen Kreis Hilfe geschafft haben.
13. Antwort aus Krummhübel (Feuerwehr):
    Hier hat jeder Stand nach Kräften geholfen.

XII. Sind Umstände aufgefallen, welche der Hilfsthätigkeit Hindernisse bereitet haben?

1. Antwort aus Hirschberg (Bürgermeister):
   Nein.
2. Antwort aus Hirschberg (Schatzmeister):
   Nur Neid und Mißgunst.
3. Antwort aus Hirschberg (Vaterl. Frauenverein):
   Nein.

4. Antwort aus Cunnersdorf (Amtsvorsteher):
   Ja, insofern es Personen gab, welche auf die Mildthätigkeit gewissermaßen reisten und dabei noch durch Zeugnisse Unbefugter unterstützt wurden, nachdem sie hier wegen Geringfügigkeit ihres Schadens abgewiesen waren.

5. Antwort aus Herischdorf (Vaterl. Frauenverein):
   Nein.

6. Antwort aus Warmbrunn (Amtsvorsteher):
   Nein.

7. Antwort aus Hermsdorf (Amtsvorsteher):
   Nein.

8. Antwort aus Petersdorf (Amtsvorsteher):
   Nein.

9. Antwort aus Giersdorf (Gemeidevorsteher):
   Nein.

10. Antwort aus Erdmannsdorf (Amtsvorsteher):
    Nein.

11. Antwort aus Erdmannsdorf (Vaterl. Frauenverein):
    Von seiten des Vaterl. Frauenvereins wurde bedauert, daß in entfernt liegenden Ortschaften, die keine Vorstände hatten, ein Mangel an geeigneten Persönlichkeiten vorhanden war.

12. Antwort aus Schmiedeberg (Bürgermeister):
    Nein.

13. Antwort aus Krummhübel (Feuerwehr):
    Nein.

XIII. Zu welchen Prozentsätzen sind die Betroffenen in Ihrer Gemeinde entschädigt worden?

1. Antwort aus Hirschberg (Bürgermeister):
   Die ganz Bedürftigen haben aus den beim städtischen Hilfskomitee eingegangenen Geldern zur Beseitigung der Schäden an den Wohnungen (Dielen, Öfen ꝛc.) eine Beihilfe von 90% des durch den Stadtbaurat festgestellten Schadens, außerdem 50% des ihnen sonst an den Häusern (Ställen, Schuppen, Zäunen) erwachsenen Schadens erhalten. Beihilfen für Verlust an Mobiliar, Feldfrüchten, durch Versanden von Gärten ꝛc. sind ihnen ebenso wie den in geringerem Grade Bedürftigen nach Maßgabe des Einzelfalles, ohne besondere Prozentfestsetzung, gewährt worden.

2. Antwort aus Hirschberg (Schatzmeister):
Die Entschädigung war eine sehr verschiedene. Die sogenannten kleinen Leute sind ausreichend entschädigt worden. Die ärmeren Grundstücksbesitzer haben ca. 90 % des vom hiesigen Bauamt abgeschätzten Schadens erhalten. Die in besseren Verhältnissen lebenden Haus= und Geschäftsbesitzer haben bisher nichts bekommen; man hoffte für sie auf das neue Notstandsgesetz, was sich leider als trügerisch erwiesen hat.

3. Antwort aus Hirschberg (Vaterl. Frauenverein):
vacat.

4. Antwort aus Cunnersdorf (Amtsvorsteher):
Bis zu 90 %; sehr verschieden, einzelne sogar bis 100 %.

5. Antwort aus Herischdorf (Vaterl. Frauenverein):
vacat.

6. Antwort aus Warmbrunn (Amtsvorsteher):
25 bis 50 %.

7. Antwort aus Hermsdorf (Amtsvorsteher):
Flurschaden mit 5 %, alle übrigen mit 8 % des ermittelten Schadens. Einzelne besonders schwer Geschädigte bis zu 15 %.

8. Antwort aus Petersdorf (Amtsvorsteher):
10 bis 50 %; läßt sich so genau nicht feststellen.

9. Antwort aus Giersdorf (Gemeindevorsteher):
Je nach Bedürftigkeit von 10 % bis teilweise zur vollen Höhe. Der durchschnittliche Prozentsatz der eingegangenen Liebesgaben beträgt ca. 20 % der ermittelten Schadensumme.

10. Antwort aus Erdmannsdorf (Amtsvorsteher):
Die Ärmeren sind mit 50 %, die übrigen Bedürftigen bis 25 % entschädigt worden.

11. Antwort aus Erdmannsdorf (Vaterl. Frauenverein):
Wie man hört, soll die Staatshilfe, die bisher noch nicht erfolgte, sich bis zu einer Höhe von 20 bis 50 % des Schadens erstrecken.

12. Antwort aus Schmiedeberg (Bürgermeister):
15 bis 45 %.

13. Antwort aus Krummhübel (Feuerwehr):
15 bis 40 %.

XIV. Sind ungünstige Einwirkungen des Hochwassers auf den Gesundheitszustand der Gemeinde wahrgenommen worden?

1. Antwort aus Hirschberg (Bürgermeister):
   Nein, die Stadt ist verschont geblieben.

2. Antwort aus Hirschberg (Schatzmeister):
   Nein; mir ist kein Fall von Typhus oder einer anderen Epidemie bekannt geworden.

3. Antwort aus Hirschberg (Vaterl. Frauenverein):
   Nur vereinzelte Fälle.

4. Antwort aus Cunnersdorf (Amtsvorsteher):
   Nein, durchaus nicht.

5. Antwort aus Herischdorf (Vaterl. Frauenverein):
   Die gefürchteten Epidemien sind nicht eingetreten.

6. Antwort aus Warmbrunn (Amtsvorsteher):
   Nein, nur vereinzelt.

7. Antwort aus Hermsdorf (Amtsvorsteher):
   Durch die für sanitäre Zwecke gewährten Mittel sind die durchnäßten Wohnungen so hergestellt worden, daß sie auf den Gesundheitszustand der Bewohner keine nachteiligen Folgen hinterlassen haben.

8. Antwort aus Petersdorf (Amtsvorsteher):
   Ausnahmsweise nein.

9. Antwort aus Giersdorf (Gemeindevorsteher):
   Nein.

10. Antwort aus Erdmannsdorf (Amtsvorsteher):
    Nein.

11. Antwort aus Erdmannsdorf (Vaterl. Frauenverein):
    Epidemien sind nicht aufgetreten, leichtere Erkrankungen infolge des Hochwassers kamen vielfach vor.

12. Antwort aus Schmiedeberg (Bürgermeister):
    Nein.

13. Antwort aus Krummhübel (Feuerwehr):
    Nein.

XV. Sind die Brunnen verschlämmt worden? Sind besondere behördliche Vorkehrungen getroffen worden, die Häuser und Brunnen auf ihre Gesundheitsgefährlichkeit zu untersuchen oder sie zu reinigen?

1. Antwort aus Hirschberg (Bürgermeister):

   Die Brunnen waren verschlämmt. Deren Reinigung hat ebenso, wie diejenige der Häuser auf polizeiliche Anordnung und auf Grund der von den mit der örtlichen Feststellung betrauten Sanitätskommissionen (dabei je ein Arzt) erstatteten Gutachten stattgefunden, meistens auf öffentliche Kosten.

   (NB. Hirschberg besitzt eine vorzügliche Wasserleitung, die nach dem Hochwasser nur wenige Tage etwas getrübtes Wasser führte. Der Verf.)

2. Antwort aus Hirschberg (Schatzmeister):

   Die Brunnenuntersuchung hat nur in den Sechsstätten stattgefunden, wo bis dahin die Leitung unseres herrlichen Quellwassers noch fehlte. Die Stadt hat aber bald nach dem Hochwasser die Wasserleitung bis in diesen Stadtteil aus sanitären Gründen weitergeführt.

3. Antwort aus Hirschberg (Vaterl. Frauenverein):

   Die Brunnen waren verschlämmt, sind aber auf Anordnung der Behörde gereinigt worden.

4. Antwort aus Cunnersdorf (Amtsvorsteher):

   Durch Sanitätskommissionen wurden die Brunnen untersucht, Dielungen neu gemacht, Desinfektionen angeordnet und durchgeführt. Die verschlämmten Brunnen wurden ausgepumpt.

5. Antwort aus Herischdorf (Vaterl. Frauenverein):

   vacat.

6. Antwort aus Warmbrunn (Amtsvorsteher):

   Die verschlämmten Brunnen sind auf Anordnung der Behörden gereinigt worden. Zu Neudielungen sind von dem Kreiskomitee reichlich Geldmittel bewilligt worden.

7. Antwort aus Hermsdorf (Amtsvorsteher):

   Die überschwemmten Brunnen und Häuser sind auf behördliche Anordnung gereinigt worden. Für diesen Zweck hat die Kreiskasse 1850 Mk. hergegeben.

8. Antwort aus Petersdorf (Amtsvorsteher):

   Ja. Die Desinfektion geschah einheitlich und wurde durch Mittel aus der Kreiskasse bestritten.

Hilfe in außerordentlichen Notständen.   43

9. Antwort aus Giersdorf (Gemeindevorsteher):

Die Brunnen sind teilweise verschlämmt worden. Behördliche Vor=
kehrungen, die Häuser und Brunnen auf ihre Gesundheitsschädlichkeit
zu untersuchen und sie zu reinigen, sind getroffen worden. Die Mittel
dazu wurden gewährt.

10. Antwort aus Erdmannsdorf (Amtsvorsteher):

Brunnen waren verschlämmt. Die Polizei ordnete deren Reinigung,
sowie die Dielung der Wohnräume an, die unter Wasser gestanden
hatten.

11. Antwort aus Erdmannsdorf (Vaterl. Frauenverein):

Die beschädigten Wohnungen wurden durchweg neu gedielt, Brunnen
wurden gereinigt.

12. Antwort aus Schmiedeberg (Bürgermeister):

Verdächtige Brunnen sind durch den Apotheker untersucht und dann
gereinigt worden.

In überschwemmten Wohnungen sind die Dielen entfernt und nach
Reinigung des Untergrundes erneuert worden.

13. Antwort aus Krummhübel (Feuerwehr):

Hier existiert Hochwasserleitung. Es sind nur kleine Beschädigungen
derselben vorgekommen, welche sofort repariert wurden.

Fassen wir die einzelnen Züge, welche uns die vorstehenden Antworten
auf meine Fragen ergeben, zusammen, so ergiebt sich uns etwa folgendes
Bild von der Hilfsthätigkeit nach der Überschwemmung:

In der Unglücksnacht war es die ganz spontane Nächstenliebe, die, selbst
mit Aufopferung des eigenen Lebens, dem bedrängten Nachbar Hilfe brachte.
Vorzügliches, weil planvoll vorgehend, leisteten dabei die Feuerwehren und
das Militär. — Nachdem die erste bringende Gefahr überwunden war,
organisierten sofort die Behörden, allen voran der Landrat, die weitere Hilfs=
thätigkeit. Es bildeten sich in jedem Orte Komitees unter Leitung des Bürger=
meisters, des Amts= oder Gemeindevorstehers. Wo Zweigvereine des Vaterl.
Frauenvereins bestanden, bewirkten diese eine gute Ergänzung zur Thätigkeit
der Männer, indem sie hilflose Familien besuchten, Volksküchen einrichteten
und die Verteilung von Kleidern und Naturalien übernahmen. Ein be=
sonderes Glück für den Kreis Hirschberg war die Anwesenheit der Frau
Erbprinzessin, die, wie von allen Schichten und Parteien anerkannt wird,
mit persönlicher Aufopferung und Gefahr sofort die Verwüstungen in Augen=
schein nahm, den Bedrängtesten Trost und Manchen Hilfe aus eigener Tasche
brachte, jede Maßregel für die Überschwemmten aufs kräftigste unterstützte, sich
zur Patronesse aller Wohlthätigkeitsaufführungen machte, den ganzen Vaterl.
Frauenverein unter die Fahne rief, und, last not least, durch ihren ganz
persönlichen Einfluß den Ruf nach der so notwendigen militärischen Hilfe
energisch unterstützte und die Kommandos so lange als möglich im Schaden=

gebiete festhielt, vermutlich auch durch ihre Schilderungen die Besuche der Kaiserin und des Kaisers veranlaßte. — Die staatliche und die Privatthätigkeit arbeiteten in schönster Harmonie, so daß nirgends eine wirkliche Not eintrat. Von vornherein herrschte das Princip, in erster Linie die Bedürftigsten zu unterstützen. Schon bis jetzt konnten die Entschädigungen sehr reichlich ausfallen, ehe noch die vom Landtage bewilligten Summen zur Verteilung gebracht wurden. Trotzdem wurden fast überall einzelne Fälle von Unzufriedenheit und Neid beobachtet. — Von Anfang an wurde auf das sanitäre Moment Rücksicht genommen; die Wohnungen getrocknet und repariert, die Brunnen ausgepumpt und gereinigt. Erkrankungen, namentlich epidemische, wurden daher als Folge der Überschwemmung nicht beobachtet. Auf die ganze Arbeiterbevölkerung hat die Überschwemmung insofern günstig eingewirkt, als die Löhne beträchtlich stiegen und reichliche Arbeitsgelegenheit vorhanden war.

V.
Kritik und Vorschläge.

So traurig das Bild ist, das wir von dem großartigen Naturereignis des 30. Juli 1897 aufrollen mußten, so erfreulich erscheint uns im ganzen der Mechanismus der Hilfsthätigkeit, durch die seine Folgen bekämpft und beseitigt wurden. Erfreulich auch namentlich deshalb, weil wir bei dieser Katastrophe wieder die guten Seiten der deutschen Volksseele, an denen man manchmal zu zweifeln geneigt ist, so herrlich sich bewähren sehen konnten.

Als man die Verheerungen der Überschwemmungen mit eigenen Augen sah, als man täglich von denen benachbarter Gegenden las, bemächtigte sich aller Gemüter mit elementarer Gewalt der Wunsch, zu helfen. Man that einen tiefen Griff in die Tasche und gab zu den öffentlichen Sammlungen, und gab gern, und mit einem Gefühl der Befriedigung, daß man es konnte. Nur das eine beunruhigte die Geber, daß sie nicht, wie es das natürlichste gewesen wäre, von Hand zu Hand, von Mund zu Mund helfen konnten. Aber man sah ein, daß auf diese Weise eine gerechte Unterstützung der Bedürftigen nicht möglich wäre. Die Gaben mußten erst gesammelt und dann nach bestimmten Grundsätzen verteilt werden. Und nach diesem Grundsatz erschien es schließlich jedem Verständigen, trotz allem Lokalpatriotismus, wünschenswert, daß für die ganze Provinz eine centrale Sammelstelle errichtet wurde.

Die Verzögerung der Hilfe, die hierdurch eigentlich hätte eintreten müssen, wurde aber glücklicherweise wieder dadurch paralysiert, daß die Lokalkomitees wohl zunächst nur rechnerisch mit der Centralstelle zusammenhingen, ihr Rechenschaft schuldig waren und Macht und Mittel von vornherein genug in der Hand behielten, um der ersten Not wirksam zu begegnen. —

Wir gewinnen überhaupt im allgemeinen die Empfindung, daß die Behörden, nachdem die ersten Bedenken und ein gewisses Mißtrauen in die Zuverlässigkeit der Berichte überwunden waren, redlich, eifrig und mit Geschick ihre Pflicht erfüllt haben, daß ihr Instanzenapparat vorzüglich funktionierte und daß von ihnen in richtigem Verständnis eine gute Fühlung mit der Privatwohlthätigkeit gesucht und gefunden wurde. So ist es denn gekommen, daß unter den Geschädigten die kleinen Leute kaum einen wirtschaftlichen Schaden davongetragen haben, daß wirklich große Verluste wahrscheinlich nur auf den Schultern der Latifundien= und großen Fabrik= besitzer werden liegen bleiben.

Hat nun so dieses Hochwasser gezeigt, wie vorteilhaft es ist, daß in der Hilfsthätigkeit die staatlichen Behörden und die Privatwohlthätigkeit Hand in Hand gehen, daß beide einander ergänzen und unterstützen, so fragt es sich für den gesunden Menschenverstand, da wir doch immer die Wiederkehr solcher Ereignisse im Auge behalten müssen: Besteht denn für beide Teile eine Verpflichtung zu dieser Hilfsthätigkeit?

Daß für die Privatwohlthätigkeit nur eine moralische Verpflichtung be= steht, ist ja klar. Diese Privatwohlthätigkeit, oder sagen wir lieber etwas anschaulicher: das Herz des Volkes, hat einen feinen Instinkt. Ich sage: Instinkt, denn es handelt im gegebenen Augenblicke unbewußt, einem dunklen Drange folgend, ohne die Motive sich klar zu legen. Es hätte allen Grund, blasiert und verhärtet zu sein; denn es wird ihm in unserer Zeit allzuviel zugemutet. Leute von mittlerem Wohlstand in einer mittleren Stadt werden fast täglich zu einer Wohlthätigkeitsleistung aufgefordert; unendlich zahlreich und oft künstlich konstruiert sind die Zwecke, für die gebettelt, gesammelt und gearbeitet wird, während doch alle diese Bestrebungen, mögen sie innere oder äußere Mission, Kranken=, Armenpflege, Kunstpflege, Politik 2c. betreffen, unter dem einen Rubrum „Nächstenliebe" zusammengefaßt werden könnten. Da ist das Wohlthun oft keine Lust mehr, selbst bei edlen Naturen, und weil man das erkennt, nehmen die Sammler oft zu ihrem mehr oder weniger guten Zweck die schlechten Leidenschaften zu Hilfe, um zum Geben zu reizen; hochtönende Namen, die man beleidigen würde, wenn man sich ausschlösse, stehen an der Spitze oder am Fuß der Liste; Bazare wenden sich an die weibliche Eitelkeit und die Neigung zum „Flirt", Wohlthätigkeits= aufführungen müssen dem Dilettantismus schmeicheln, Lotterien appellieren an die gemeine Habsucht, mit Schneeballkollekten wird eine Menge Zeit ver= tröbelt, kurz es ist die Wohlthätigkeit in der Gegenwart oft ein Zerrbild von dem, was sie sein müßte, und es sind nicht die schlechtesten Menschen, welche sich gegen sie aufbäumen. Aber wie anders stellt sich der echte Wohlthätigkeitsdrang dar, der im Volke schlummert und bei großen Anlässen, bei wahren Notständen mit elementarer Gewalt hervorbricht! Wer ihm ent= gegentreten wollte mit kaltem Verstandeskalkül, mit socialdemokratischen Theorien, die jedes persönliche Eingreifen perhorreszieren und alles dem Staat überlassen wollen, würde einfach hinweggespült. Was diesen instink= tiven Wohlthätigkeitsdrang, der nicht von Uranfang an bestand, in der Menschenseele hervorgebracht hat, ob er in der ganzen Entwicklung des Menschengeschlechts liegt, ob er erst durch die Lehre Christi in die Welt ge= kommen und weiter gebildet ist, das zu untersuchen ist hier nicht der Ort; genug, daß er da ist, daß er im Volkskörper latent schlummert, daß er bei Frommen und Unfrommen, bei Christen und Juden, bei Reichen und Armen, bei Hohen und Niedrigen in gleicher Weise sich regt und kundgiebt, daß er eine Macht ist, die sich nicht unterdrücken läßt, daß wir mit ihm bei jedem neuen großen Unglück rechnen müssen, und daß es eine Barbarei wäre, dieser schönsten aller Blüten der Volksseele durch Paragraphen und Gesetze die Wurzeln abzugraben. **Die private Wohlthätigkeit muß bei Notständen neben der öffentlichen bestehen bleiben!**

Wie aber verhält es sich mit der Verpflichtung des Staats? Da er nicht an moralische Erwägungen, sondern nur an rechtliche gebunden ist, so habe ich versucht, mir von befreundeten Juristen ein Gutachten über die rechtliche Verpflichtung des Staates, bei solchen Katastrophen helfend einzutreten, zu verschaffen, und von einem Professor der Jurisprudenz in Jena folgende Antwort erhalten, die auch die Meinung mehrerer Kollegen meines Gewährsmannes an derselben Universität wiedergiebt:

„Eine **rechtliche** Verpflichtung des Staates besteht nicht. Gründe der **Billigkeit** veranlassen den Staat, bei jedem einzelnen (großen) Unglück durch Specialgesetz eine staatliche Beihilfe zu gewähren. Eine solche Staatshilfe wird geboten durch die moderne Auffassung der Staatsaufgaben. Der Staat hat überall da helfend und regelnd einzugreifen, wo große Schäden durch die Kräfte Einzelner oder von Verbänden nicht beseitigt oder in ihren Wirkungen nicht gemildert werden können. Eine principielle, allgemeine Regelung (solcher Verpflichtung) dürfte sich nicht empfehlen, da in jedem Fall das Maß staatlicher Beihilfe erst fixiert werden müßte.

„Der Gesetzgebungsapparat ist heute verhältnismäßig leicht in Bewegung zu setzen und es ist nicht bekannt geworden, daß in solchen Fällen die Gesetzgebungsorgane versagt hätten.

„Ob principiell eine Unterstützungs**pflicht** der Provinzen oder Kreise gesetzlich festzulegen wäre — auch eine solche besteht zur Zeit nicht — dürfte fraglich sein. Man müßte, um Vorschläge de lege ferenda zu machen, nicht nur praktische Erfahrungen auf diesem Gebiete besitzen, sondern auch die Akten über staatliche und kommunale Beihilfen in ähnlichen Fällen studieren und kritisch würdigen, welche Mängel sich hierbei herausgestellt haben. Die Litteratur läßt uns in diesem Punkte ganz im Stich, auch von der Litteratur über Armenpflege wäre keine in dieser Beziehung brauchbare Arbeit zu verzeichnen."

Ein anderer Jurist (Landtagsabgeordneter) pflichtet diesen Ausführungen völlig bei, und macht dazu noch einige Specialbemerkungen, die vielleicht über den Rahmen dieser Arbeit hinausgehen, aber doch von zu großem allgemeinen Interesse sind, als daß ich sie hier unterdrücken möchte. Er schreibt:

„Das Wasserrecht befindet sich bei uns in Preußen in arger Unordnung. Hoffen wir, daß das vorjährige Unglück den Anstoß geben wird, wenigstens die wichtigsten wasserrechtlichen Fragen, wenn nicht für den ganzen Staat, so doch für einzelne Provinzen zu regeln.

„Es ist dies in Aussicht genommen. Die hier (im schlesischen Hochwassergebiet) in Betracht kommenden Flüsse sind im Sinne des Gesetzes (Allg. Landr.) **Privatflüsse**; sie unterstehen dem Schlesischen Auenrecht. Danach liegt dem Dominialbesitzer die gesetzliche Pflicht ob, die **Räumung** der Flüsse insoweit auf seine Kosten zu bewirken, als dies zur Verschaffung der Vorflut — also des ungehinderten Wasserabflusses — erforderlich ist.

„Was die Erhaltung der Ufer anlangt, so besteht auch hier eine gesetzliche Pflicht für niemand; weder der Eigentümer der Ufer ist hierzu verpflichtet, noch die Gemeinde, Kreis, Provinz oder Staat.

„Man nimmt an, daß die Gemeinden die Pflicht haben, die Ufer insoweit zu erhalten und zu schützen, als dies zur Sicherung der öffentlichen Plätze, Gebäude und Wege geboten ist; doch ist auch das noch streitig.

„Soweit die Befestigung der Ufer zur Sicherung von Chausseen dient, liegt die Ausführung dem Eigentümer der Chausseen, also der Provinz oder dem Kreis, ob.

„Jedenfalls erkennt der Staat eine rechtliche Verpflichtung zur Räumung der Flußläufe, zur Unterhaltung der Ufer, zur Entschädigung der durch Hochwasser Benachteiligten nicht an.

„Diese Fragen bedürfen dringend der gesetzlichen Regelung."

Diese Darlegungen leiten von unserer retrospektiven Betrachtung hinüber zu dem Blick in die Zukunft, und so stehen wir nunmehr vor der Aufgabe, uns Rechenschaft zu geben, was wir aus der letzten großen Heimsuchung für Lehren zu ziehen, was für Vorschläge wir für eine Wiederkehr ähnlicher Ereignisse zu machen haben.

Nicht alles, was nach dieser Richtung hin die Gemüter bewegt, zu erörtern ist hier der Ort, falls ich die Ziele des Vereins, für den dieser Bericht erstattet wird, richtig auffasse. — Denn die wichtigste Aufgabe, die Prophylaxe, die Verhütung der Hochwässer, um die es sich hier handelt, hat der Staat, aber nicht ein Verein für Wohlthätigkeit und Armenpflege zu erfüllen, und darum soll hier nur gesagt werden, daß heute, wo wir eine wissenschaftliche Meteorologie besitzen, wo die Technik uns gelehrt hat, die Kräfte der Natur zu bändigen und dem Menschen nutzbar zu machen, in maßgebenden Kreisen die Überzeugung herrscht, daß eine Vorbeugung der Hochwässer in unseren Gebirgen sehr wohl möglich sein wird und allem Anschein nach ist die Regierung, gespornt von der Einsicht und dem festen Willen unseres Kaisers, aufrichtig bemüht, solche Maßregeln ins Werk zu setzen. Es wird sich, soweit es sich übersehen läßt, darum handeln, durch Aufforstungen und Verbot von Entwässerungsanlagen im Hochgebirge dort oben das Wasser möglichst zurückzuhalten, in Thalsperren und Sammelbecken das überschüssige Wasser, das der Industrie nutzbar gemacht werden kann, zu stauen, die Einengung der Flußläufe, wie sie trotz aller Baupolizei durch schlecht angelegte Brücken und in den Fluß gebaute Häuser herbeigeführt wurde, zu beseitigen und an gefährdeten Stellen die Ufer zu schützen. Auch der Meldeapparat des Hochwassers ist in den höher gelegenen Ortschaften noch sehr der Verbesserung bedürftig.

Was aber die private Hilfsthätigkeit anbetrifft, deren Gegenstand der Zweck unseres Vereines ist, so kann nach meiner Meinung die Art und Weise, wie sie hier in die Erscheinung getreten ist, auch für die Zukunft zum Muster dienen, obwohl vielleicht im einzelnen noch manches besser zu machen wäre.

Ich habe auch nach dieser Richtung hin Recherchen angestellt, indem ich meinem Fragebogen als letzte folgende Frage beifügte:

„Giebt Ihnen die beim letzten Hochwasser gemachte Erfahrung Veranlassung, irgendwelche Vorschläge zu machen, welche bei der Wiederkehr eines ähnlichen Naturereignisses zu Verbesserungen in der Einrichtung der Hilfsthätigkeit führen könnten?"

und darauf folgende bemerkenswerte Antworten erhalten:

1. Antwort aus **Hirschberg** (Bürgermeister):

    Ich vermag derartige Vorschläge nicht zu machen, glaube vielmehr, daß die Einrichtungen der Hilfsthätigkeit sich bewährt haben. Zweckmäßig will mir nur erscheinen, daß bei der Wiederkehr einer solchen Katastrophe die staatliche Hilfe reichlicher und schneller zur Disposition gestellt werden könnte. Die private Hilfsthätigkeit war hinsichtlich ihres schnellen Eintretens und ihrer Leistungen durchaus anerkennenswert.

4. Antwort aus **Cunnersdorf** (Amtsvorsteher):

    Ich hege vor allem den Wunsch nach schnelleren amtlichen Hochwassermeldungen vom Hochgebirge aus.

5. Antwort aus **Herischdorf** (Vaterl. Frauenverein):

    Es empfiehlt sich sehr, die Listen, in welche jede gewährte Unterstützung eingetragen wird, auf das peinlichste zu führen und daraufhin die Listen gleich von vornherein anzulegen.

7. Antwort aus **Hermsdorf** (Amtsvorsteher):

    Es dürfte sich empfehlen, die vorhandenen freiwilligen Feuerwehren auch als Wasserwehren auszubilden und demgemäß auszurüsten, um für solche außergewöhnliche Gefahren eine einigermaßen organisierte Hilfstruppe zu schaffen.

13. Antwort aus **Krummhübel** (Feuerwehr):

    Zur Rettung von Personen müssen die Rettungsapparate je nach der örtlichen Lage ganz verschieden sein. Im Hochgebirge läßt sich mit Kähnen, Flößen ꝛc. absolut nichts mehr machen. Zur Verbesserung von Rettungsgegenständen für das Gebirge ist bereits Stellung genommen.

Die übrigen Antworten bewegten sich in demselben Gedankengang.

Ich möchte meine eigene Meinung über die private Hilfsthätigkeit bei Hochwasserkatastrophen in einige Leitsätze zusammenfassen:

1. Der oberste Grundsatz für jede Privathilfsthätigkeit muß die Notwendigkeit ihrer Organisation sein.
2. Für die Gefahr selbst sind die vorhandenen Feuerwehren so gut wie möglich auch als Wasserwehren vorzubilden und mit geeigneten Apparaten zu versehen.

3. Sofort nach der Gefahr hat die Ortsbehörde ein Komitee zu bilden, das sich unter einen Willen stellt und seine Thätigkeit ohne weiteres nach einem einheitlichen Plane beginnt.
4. Die Ortskomitees haben sofort Fühlung mit den obersten Behörden des Kreises und der Provinz zu nehmen.
5. Alle Gaben müssen in die Hände der Ortskomitees gehen und von diesen verteilt werden, unter genauer Rechnungslegung und Registrierung gegenüber dem Hauptkomitee.
6. Frauenhilfe ist unentbehrlich, aber sie muß sich dem Organismus des Komitees durchaus einfügen.
7. Der weitere Ausbau des Vaterländischen Frauenvereins und die Gründung von Zweigvereinen auch in den kleinsten Orten würde die Frauenhilfe am besten organisieren.
8. Alle diese Einrichtungen aber können nur dann ihren guten Dienst thun, wenn Ehrlichkeit, Pflichttreue, Fleiß und Nächstenliebe zu allen Zeiten in unserem Volke gepflegt werden. —

Daß diese Eigenschaften bei uns in Deutschland — Gott Lob! — noch vorhanden sind, hat auch das letzte Hochwasser gezeigt.

Möge es immer so bleiben!

Hilfe in außerordentlichen Notständen.

Bericht
von
Regierungsrat E. Falch in Stuttgart.

Nicht zum erstenmal beschäftigt sich der Deutsche Verein für Armenpflege und Wohlthätigkeit mit dem vorliegenden Gegenstande; vielmehr stand derselbe schon im Jahre 1887 auf der Tagesordnung der Jahresversammlung zu Magdeburg; zwei inzwischen heimgegangene, verdiente Mitglieder des Vereins hatten einleitende Berichte übernommen, welche sie aber nicht schriftlich vorzulegen, sondern nur in Kürze mündlich vorzutragen in der Lage waren: Schriftsteller A. Lammers in Bremen und Oberbürgermeister Ohly von Darmstadt. Der stenographische Bericht über ihre Ausführungen zur Sache, über den Gang der Verhandlungen und deren Ergebnis ist niedergelegt im 5. Heft der Vereinsschriften S. 47—60. Den Anlaß zur Besprechung des Gegenstandes hatten damals üble Erfahrungen gegeben, welche man in den achtziger Jahren bei wiederholten, durch elementare Ereignisse hervorgerufenen Notständen in verschiedenen Teilen Deutschlands gemacht hatte, und die sich nicht bloß hinsichtlich der Art und Weise der Aufbringung der erforderlichen Mittel zur Linderung der Not, sondern ganz wesentlich auch bezüglich der Verwendung dieser Mittel herausstellten; in diesem Sinne hat wohl Lammers die ursprüngliche Fassung des Themas: „Öffentliche Sammlungen, Lotterien und ähnliche Mittel bei außerordentlichen Notständen" umgeändert in: „Hilfe in außerordentlichen Notständen". Lammers faßte seine Ausführungen dahin zusammen: „auch für außerordentliche Notstände muß die öffentliche Hilfe so ständig und umfassend wie möglich organisiert werden"; der Mitberichterstatter Ohly stimmte dem zu und hatte nur Bedenken gegen die Forderung einer ständigen Organisation; die Organisation bestimmte er näher dahin, daß „die Hilfeleistung thunlichst zu centralisieren, nach bestimmten Grundsätzen zu regeln, planloses und zweckwidriges Verabreichen von Unterstützungen auszuschließen und dieselben auf das durch den Notstand hervorgerufene Bedürfnis zu beschränken" seien. In der Debatte wurde die Notwendigkeit einer Organisation der Hilfeleistung von allen Seiten anerkannt; darüber ob sich eine ständige Organisation empfehle, blieben die Ansichten geteilt, die Aufstellung allgemeiner Grundsätze für die Hilfe in außerordentlichen Notständen durch den Verein wurde in Anregung gebracht. Als das Ergebnis der Verhandlung gelangte der Satz zur Annahme: „**Auch für die öffentliche, freiwillige Hilfe bei außerordentlichen Notständen bedarf es einer angemessenen und umfassenden Organisation. Die Hauptaufgabe einer solchen Organisation muß darin bestehen, die Hilfeleistung thunlichst zu centralisieren, nach bestimmten Grundsätzen zu regeln, planloses und zweckwidriges Verabreichen von Unterstützungen auszuschließen und dieselben auf das durch den Notstand hervorgerufene Bedürfnis zu beschränken.**"

Diese erste Verhandlung über den Gegenstand trug mehr den Charakter einer Vorbesprechung, und beide Berichterstatter wünschten ihm eine eingehendere, abschließende Erörterung; um eine solche wird es sich diesmal handeln, nachdem die Frage, veranlaßt durch die furchtbaren Notstände, welche im Sommer 1897 im Gefolge von Hagelsturm und Überschwemmung über weite Gebiete im Süden und Norden unseres deutschen Vaterlandes hereingebrochen sind, wieder auf die Tagesordnung gesetzt worden ist. Üble Erfahrungen, wie sie bei der Verhandlung im Jahre 1887 beklagt wurden, sind auch im vorigen Jahre wieder da und dort gemacht und besonders an derjenigen Stelle, welche den umfassendsten Überblick über die verschiedenen Notstandsgebiete und einen genauen Einblick in die Verhältnisse derselben hatte, als die Hilfeleistung sehr erschwerend empfunden worden. Der Verein war also zweifellos berechtigt, ja in gewissem Sinne verpflichtet, die Frage jetzt wieder zur Verhandlung zu stellen, nachdem inzwischen reiche Erfahrungen gesammelt worden sind, welche die Lösung derselben zu fördern geeignet sein dürften.

Nach dem Ergebnis der erstmaligen Verhandlung, das durch die seitherigen Erfahrungen keineswegs in Frage gestellt, sondern nachdrücklich bestätigt worden ist, wird von vornherein angenommen werden dürfen, daß **über die Notwendigkeit einer Organisation der Hilfe bei außerordentlichen Notständen innerhalb dieses Vereins kein Zweifel besteht**; die Frage nach dem „Daß" wird also füglich aus dem Kreis der Erörterungen ausgeschieden werden können; umso mehr Aufmerksamkeit wird der schwierigen Frage nach dem „**Wie**" **einer solchen Organisation zu schenken sein**.

Zuvörderst könnte aber die Frage aufgeworfen werden, **was unter einem außerordentlichen Notstande im Sinne unseres Themas zu verstehen**, wann ein solcher als vorhanden und das Eintreten einer umfassenderen Hilfeleistung als berechtigt und geboten anzuerkennen ist. Diese Frage läßt sich kaum in einer für alle Fälle zutreffenden, bündigen Weise beantworten: ein und derselbe, nach Ursachen, Art und Umfang gleicher Notstand kann das einemal ein außerordentlicher sein, zu dessen Überwindung außerordentliche Hilfsmittel erforderlich sind, das anderemal nicht; tritt er unter einer von Hause aus armen Bevölkerung auf, welcher es überdies noch an Verdienstgelegenheit mangelt, so ist's ein anderes, als wenn eine wohlhabende Gegend mit günstiger Verdienstgelegenheit davon betroffen wird; letztere hat die nötigen Hilfsquellen in sich selbst, während der ersteren die Hilfe von außen gebracht werden muß. Feuer, Wasser, Sturm, Hagel, Mißwachs, Erdbeben, Epidemien, Krisen in Handel und Industrie und anderes können einen Notstand herbeiführen, aber diese Ursachen als solche machen ihn noch nicht zu einem außerordentlichen; es kommt dabei auch der Umfang, die Ausdehnung des Notstandes in Betracht, indes auch nicht so, daß man bei einer über ein weites Gebiet sich ausdehnenden Heimsuchung ohne weiteres einen außerordentlichen Notstand als vorhanden, bei einer nur auf ein eng begrenztes Gebiet sich erstreckenden Heimsuchung aber eine solche nicht als vorhanden ansehen dürfte; entscheidend ist vielmehr die Wirkung, die je nach den Verhältnissen, namentlich der wirtschaftlichen Lage der Betroffenen, eine sehr verschiedene sein wird. Im allgemeinen dürfte wohl ein außerordentlicher Notstand im Sinne unseres Themas dann vorliegen, wenn ein ganzes Land oder ein kleineres Gebiet von einem elementaren oder sonstigen außerordentlichen Ereignis in solchem Maße betroffen wird, daß die unumgänglich nötige Hilfe die Leistungsfähigkeit der Betroffenen selbst, und zwar bezüglich der öffentlichen Mittel wie der Privatwohlthätigkeit, übersteigt, und in demselben Maße, in welchem die Selbsthilfe und die Hilfe der Nächstbeteiligten unzureichend ist, erweitert sich der Kreis derer, die um Hilfe angegangen werden dürfen. Zuerst müssen die eigenen Hilfsquellen eines Notstandsgebiets flüssig gemacht und die eigenen Mittel in Anspruch genommen sein, ehe weitere, entferntere Kreise zur Hilfe aufgerufen werden dürfen. Das Urteil darüber aber, ob ein das Anrufen fremder Hilfe rechtfertigender Notstand vorliegt, und in welchem Umfang dieses Anrufen berechtigt ist, wird nicht den Betroffenen selbst, sondern einer unbeteiligten, unparteiischen Instanz zu überlassen sein; als solche kann etwa eine Behörde oder auch ein mit der erforderlichen Autorität ausgerüstetes, Vertrauen genießendes Komitee in Betracht kommen. Schon bei dieser ersten Frage tritt also die Notwendigkeit eines Organs und damit einer Organisation der Hilfeleistung klar zu Tage.

Sehr einfach wäre freilich die Sache, wenn, wie ja auch schon gefordert wurde, bei allen außerordentlichen Notständen der Staat mit seinen Mitteln, mit der Steuerkraft des Landes eintreten und den einzelnen Gemeinden oder Landesteilen zugefügten Schaden auf die Gesamtheit umlegen würde. Der Vorschlag hat manches Bestechende: die Feststellung des Schadens und der Entschädigung, die Beschaffung der erforderlichen Mittel u. s. w. — alles würde ganz glatt und in der Stille sich vollziehen, das Publikum würde nicht mit Aufrufen und Sammlungen belästigt, solche, die sich bei Sammlungen gerne zurückziehen oder wenigstens nicht im Verhältnis zu ihrem Vermögen beisteuern, würden nach Gebühr herangezogen, diejenigen Kreise, die gern und reichlich geben, etwas entlastet, und das alles würde dazu beitragen, daß solche Notstände leichter und rascher überwunden würden.

Trotz dieser gerühmten Vorzüge begegnet jedoch das **Princip der ausschließlichen Staatshilfe** sehr schweren Bedenken, auf die aber des näheren einzugehen hier nicht der Ort ist. Wollte man die **freiwillige Liebesthätigkeit** bei außerordentlichen Notständen, die das menschliche Mitgefühl in ganz besonderem Maße hervorrufen und die Herzen und Hände, wie sonst nicht leicht, willig zum Geben machen, ausschließen — ob sie sich wirklich ausschließen ließe, ist wieder eine Frage für sich —, so könnte damit leicht die Privatwohlthätigkeit auch für andere Bedürfnisse und Aufgaben unterbunden und lahmgelegt werden; und wer möchte die Mitarbeit dieser Großes leistenden Macht bei den socialen Aufgaben der Gegenwart vermissen? Den auch in unserem deutschen Volke so hoch entwickelten Wohlthätigkeitssinn, dieses unvergleichliche Kleinod im Ehrenkranze desselben, zeigen gerade solche außerordentliche Notstände im schönsten Lichte, aus ihnen geht er nicht etwa erschöpft, sondern neu belebt und gestärkt hervor. Deshalb soll er nicht eingedämmt, sondern gepflegt werden, daß er immer neu seine Kraft entfalte zum Besten der notleidenden Brüder. Die moralische Wirkung dessen, was die freiwillige Liebessteuer aufbringt, wird eine andere sein als die Wirkung einer auf gesetzlichen Steuerzwang gegründeten Hilfeleistung, selbst wenn letztere ausgiebiger wäre. Damit soll indes nicht gesagt sein, daß die Staatshilfe bei solchen Notständen keinen Raum haben dürfe; sie ganz auszuschließen wäre ebenso verkehrt, wie wenn man die Privatwohlthätigkeit ausschließen wollte; auf ihre Mitwirkung wird namentlich bei ausgedehnteren oder sich häufenden Notständen nicht zu verzichten sein, und sie liegt auch im Interesse des Staates selbst, der gegenüber von den Nöten seiner Bürger auch ein fühlendes Herz haben und bethätigen muß, wenn ihm die Herzen sich nicht entfremden sollen. Es werden also bei außerordentlichen Notständen staatliche und neben ihr kommunale Fürsorge mit der Privatwohlthätigkeit in einer sich gegenseitig ergänzenden und fördernden Weise zusammenzuwirken und jede Organisation der Notstandshilfe wird mit diesen Faktoren zu rechnen haben.

Eine solche Organisation wird aber nicht am grünen Tisch ersonnen werden dürfen, sondern sich an praktisch Bewährtes anlehnen und die da und dort gemachten Erfahrungen berücksichtigen müssen. Deshalb dürfte es von Interesse sein, **zu erfahren, wo eine gewisse Organisation der Hilfe in außerordentlichen Notständen vorhanden und wie sie gestaltet ist.**

Hier mag zunächst erwähnt werden die Organisation des **Preußischen Vaterländischen Frauenvereins** unter dem Roten Kreuz, zu dessen Friedensaufgaben auch die Hilfe bei außerordentlichen Notständen gehört. Der Verein hat eine besondere „Instruktion über das beim Ausbruch von Notständen zu beobachtende Verfahren" ergehen lassen, nachdem dieselbe in einer unter dem Vorsitz Ihrer Majestät der Kaiserin abgehaltenen Delegiertenversammlung am 19. März 1880 beraten und genehmigt worden war. Diese Instruktion lautet:

§ 1. Die Frauenvereine unter dem Roten Kreuz haben die Aufgabe, bei dem Hervortreten ungewöhnlicher Not zu deren Beseitigung durch die

Hilfe in außerordentlichen Notständen. 55

Organisation freiwilliger Hilfsthätigkeit ohne jeden Verzug die Initiative zu ergreifen und sowohl in der Anrufung der Mildthätigkeit als in der Ergreifung der erforderlichen Maßregeln als ausführendes Organ zu fungieren.

Zur Erreichung dieses Zieles wird in erster Linie eine Verbindung mit den Männervereinen des Roten Kreuzes, mit denjenigen Behörden, welche von staats- oder gemeindewegen die öffentliche Armenpflege leiten, mit der Geistlichkeit, mit notablen Persönlichkeiten der betreffenden Bezirke anzustreben und, wenn sich diese nicht erzielen läßt, der Verein als selbständiges Hilfskomitee zu konstituieren sein.

§ 2. Handelt es sich um größere Notstände, d. h. um solche, welche nach der Art ihrer Entstehung oder nach ihrem Umfange das Aufgebot umfassenderer Hilfsmittel erheischen, als sie den Vereinen der zunächst betroffenen Distrikte zur Verfügung stehen, oder von ihnen innerhalb ihres Vereinsgebiets durch eigene Thätigkeit beschafft werden können, so wird im Sinne des § 3 der Verbandsordnung vom 12. August 1871 folgendermaßen zu verfahren sein.

§ 3. Sobald in einem Landesteil das Bedürfnis gemeinschaftlicher Hilfeleistung hervortritt, hat zunächst jeder Zweigverein in dem von der Heimsuchung betroffenen Bezirke in Verbindung mit Vertrauenspersonen (§ 1), bezw. aus dem Kreise seiner Mitglieder für den Bereich seines Vereinsgebiets ein Hilfskomitee zu konstituieren, um, soweit es in seinen Kräften steht, im engsten Einvernehmen mit dem Männerverein und den im § 1 bezeichneten Behörden u. s. w. diejenigen Veranstaltungen zu treffen, welche für die Linderung des dringendsten Notstandes geboten erscheinen.

§ 4. Unter sorgfältiger Berücksichtigung der aus der Natur des Notstandes für die Unterstützung der ärmeren Volksklassen sich ergebenden Modalitäten werden die Frauenvereine hauptsächlich auf die Veranstaltung von Sammlungen in den verschiedenen sich hiefür bietenden Formen, auf die Gewährung von Nahrungsmitteln in natura und von warmen Speisen, auf die Beschaffung von Bekleidungsgegenständen sowie von Arbeitsgelegenheit, und wo es sich um Bekämpfung epidemischer Krankheiten handelt, auf die Einrichtung einer weiblichen Krankenpflege nach den Principien des Roten Kreuzes Bedacht zu nehmen haben.

Unterstützungen mit barem Gelde sollen nur ausnahmsweise bewilligt werden.

§ 5. Im allgemeinen ist der Verabfolgung warmer Speisen vor der Darreichung von Naturalien der Vorzug zu geben. — Wo die Verhältnisse es irgend gestatten, sollen für die Zubereitung und Verteilung der warmen Speisen Volksküchen, Suppenanstalten, Schul- und Arbeiterküchen errichtet werden, deren gesamter Geschäftsbetrieb einschließlich des Ankaufs der Lebensmittel, von den Frauenvereinen zu überwachen ist.

§ 6. Behufs zweckmäßiger Verteilung von Bekleidungsgegenständen in den notleidenden Bezirken empfiehlt es sich, sobald als möglich zur Anlage von Depots zu schreiten, von denen aus die Abgabe der Sachen an die dieser Wohlthat bedürftigen Personen, unter steter Kontrolle der Vereine, zu erfolgen hat. In solchen Fällen, wo der Notstand mit Arbeitslosigkeit der Bevölkerung verbunden ist oder in dieser seinen Ursprung hat, sollen die Vereine dafür Sorge tragen, daß den Volksklassen, die der Beschäftigung entbehren, namentlich den Frauen, die Anfertigung von Kleidungsstücken gegen Gewährung eines die ortsüblichen Preise nicht übersteigenden Lohnsatzes für die einzelnen Gegenstände übertragen wird. Um in derartigen Fällen die Interessen der Gewerbetreibenden vor Benachteiligung zu schützen, sollen die zur Herstellung dieser Arbeiten erforderlichen Rohstoffe, sofern es irgend thunlich ist, ausschließlich in den unter dem Notstand leidenden Ortschaften aufgekauft werden.

§ 7. Bei dem Auftreten epidemischer Krankheiten haben die Zweigvereine ihr Hauptaugenmerk auf die Errichtung provisorischer Lazarette zu lenken, deren äußere und innere Einrichtung nach dem Rat ärztlicher Autoritäten zu treffen und deren Verwaltung nach den praktischen Regeln des Roten Kreuzes zu führen ist. Wenn in den von einer Epidemie heimgesuchten Bezirken eine besondere Krankenpflege der Vereine nicht besteht, oder wenn die vorhandenen Kräfte sich als nicht ausreichend erweisen, so haben die Zweigvereine den Hauptverein der Provinz hiervon zu benachrichtigen und ihn um Entsendung geeigneter, in ihrem Berufe vollständig geschulter Krankenpflegerinnen zu ersuchen. In bringenden Fällen wird das nächste Krankenpflegerinnen=Institut um seine Hilfe zu ersuchen sein. Je nach den Verhältnissen wird es sich empfehlen, die Mitwirkung der kirchlichen Krankenpflege=Genossenschaften zu erstreben.

Die Lazarette sind vorzugweise dazu bestimmt, mittellosen Kranken unentgeltliche Unterkunft, Ernährung, Pflege und Arznei zu gewähren.

§ 8. In dem Augenblick, wo das Vorhandensein eines größeren Notstandes sich herausgestellt hat, liegt es den Zweigvereinen ob, gleichzeitig mit den Vorbereitungen für die in den §§ 3 bis 7 genannten Maßregeln, bei dem Hauptverein unter Darlegung der obwaltenden Verhältnisse den Antrag auf Organisation einer umfassenderen Hilfsthätigkeit telegraphisch anzumelden und mit größter Beschleunigung unter ausführlicher Motivierung schriftlich einzubringen (vgl. § 11).

In denjenigen Provinzen des preußischen Staates, in denen die Institutionen des Provinzialverbandes noch nicht ins Leben getreten, hat der Verein in der Provinzialhauptstadt die Funktionen des Hauptvereins zu übernehmen.

§ 9. Wird der bez. Antrag von dem Hauptverein für begründet erachtet, so hat dieser dem Vorstand des Landesvereins davon Mitteilung zu machen, unter Beifügung möglichst specieller Angaben über den Umfang des Notstandes, auf Grund deren der Landesverein zu beurteilen vermag, inwieweit für die einzuleitende Aktion auch die übrigen Landesvereine Deutschlands, oder nur die sämtlichen Vereine seines Gebiets bezw. einzelne Gruppen der letzteren aufzurufen sind, und ob die aus der Ausübung der gemeinschaftlichen Hilfeleistung erwachsenden Kosten mit den vorhandenen Mitteln gedeckt werden können, oder ob es dazu noch besonderer Maßnahmen, wie der Veranstaltung öffentlicher Sammlungen, bedarf.

Der Aufruf von Landesverein zu Landesverein erfolgt auf Grund der Festsetzungen des Eisenacher Statuts vom 18. Oktober 1878 durch das Präsidium des ständigen Ausschusses.

§ 10. Noch bevor eine Beschlußfassung über die im § 9 angegebenen Punkte durch den Vorstand hat herbeigeführt werden können, ist der Hauptverein befugt, mit der Bildung eines „Notstandsausschusses" vorzugehen, der während der ganzen Dauer der Mobilisierung der Frauenvereine zu dem in Rede stehenden Zweck die Centralleitung sämtlicher Wohlthätigkeitsakte, die von den Vereinen ausgeübt werden, übernimmt. Zu diesem Behufe empfiehlt es sich, eine Versammlung von Delegierten der betreffenden Zweigvereine ohne Verzug einzuberufen, mit diesen die ganze Sachlage durchzuberaten und sich über die Zusammensetzung des Ausschusses sowie über die zu ergreifenden Maßregeln zu verständigen.

Ferner soll im Interesse einer möglichst zuverlässigen Information über die zweckmäßige Verwendung der zur Verfügung gestellten Geldmittel und sonstigen Liebesgaben der Ausschuß mit den Regierungs= und Kommunalbehörden, den Geistlichen der verschiedenen Konfessionen, den Provinzialvertretungen, Kreisausschüssen, sowie namentlich auch mit der Presse der betreffenden Landesteile u. s. w. in Verbindung treten und Repräsentanten dieser verschiedenen Kategorien in die Zahl seiner Mitglieder aufnehmen. Der Vorstand des Landesvereins hat das Recht, sich durch einen Delegierten in den Sitzungen des Ausschusses vertreten zu lassen.

§ 11. Die Veranstaltung öffentlicher Sammlungen, welche über den Bereich der Provinz hinausgehen, bedarf der Zustimmung des Landesvereins, und hat dieser, wenn er die Genehmigung dazu erteilt, einen Aufruf in den Zeitungen zu erlassen, durch welchen die Unterstützung der von den Frauenvereinen ergriffenen Maßregeln dem Wohlthätigkeitssinn des Publikums empfohlen wird. Beschließt der Vorstand des Landesvereins eine Geldsammlung, so wird er die Erträge derselben je nach Bedürfnis dem Hauptverein in der Provinz überweisen, der die Verteilung an die Zweigvereine in den Notstandsdistrikten zu vermitteln hat.

Wenn es den Zweigvereinen an Mitteln fehlt, um die in den §§ 3 bis 7 genannten Veranstaltungen zur Abhilfe des Notstandes ins Leben zu rufen, so haben sie dem Hauptverein davon schleunigst Mitteilung zu machen, und es ist die Sache des Hauptvereins, nachdem er sich von der Dringlichkeit und Zweckmäßigkeit der zu ergreifenden Maßregeln überzeugt hat, die Einrichtungskosten vorschußweise aus seinem Stammvermögen zu bestreiten, oder, falls ihm dies nicht möglich, einen Antrag auf Übernahme der betreffenden Kosten bei dem Landesverein zu stellen. Die Vorschriften über die Aufstellung der notwendigen Etats, sowie über die Erstattung der erforderlichen Berichte von seiten der Zweigvereine verfügt der Notstandsausschuß.

Der Notstandsausschuß hat wöchentlich wenigstens einmal zur Beratung zusammenzutreten, außerdem bei bringenden Anlässen außerordentliche Sitzungen abzuhalten; die Protokolle der Sitzungen sowie fortlaufende Mitteilungen, welche das Interesse des Publikums an der Thätigkeit der Vereine wach erhalten, werden in der Presse veröffentlicht.

Dem Notstandsausschuß steht das Recht zu, die von den Zweigvereinen getroffenen Einrichtungen jederzeit durch Delegierte inspizieren zu lassen.

Nach Beendigung des Notstandes hat der Hauptverein unter Zuziehung der Zweigvereine einen summarischen, über seine gesamte Wirksamkeit, über die Verwendung der Gelder u. s. w. Rechenschaft ablegenden Bericht zu verfassen, der durch Abdruck vervielfältigt wird, und der namentlich auch dazu bestimmt sein soll, die in der Praxis der Hilfsthätigkeit auf den verschiedenen Gebieten gesammelten Erfahrungen sämtlichen Vereinen zu Nutze zu machen. Zu diesem Zwecke wird jedem Verein, der zu dem deutschen Verbande gehört, ein Exemplar des Rechenschaftsberichts übersandt; von Landesverein zu Landesverein geschieht die Übersendung durch Vermittlung des ständigen Ausschußes. Zugleich wird dieser Bericht durch die Presse veröffentlicht.

§ 12. Sämtliche Hilfeleistungen der Frauenvereine unter dem Roten Kreuz werden ohne Rücksicht auf den Unterschied des religiösen Bekenntnisses gewährt. Soweit irgend thunlich, haben die von den Vereinen errichteten Anstalten, als Lazarette, Volksküchen u. s. w., das Zeichen des Roten Kreuzes anzunehmen.

Inwieweit es dem Vaterländischen Frauenverein gelungen ist, im einzelnen Falle die Hilfeleistung auf diesen Grundlagen einheitlich in die Hand zu nehmen und durchzuführen, entzieht sich der Kenntnis des Berichterstatters; nach Äußerungen der Presse zu schließen, hätte die Organisation nicht immer und nicht überall gleichmäßig funktioniert.

Aus eigener Anschauung und Erfahrung kennt der Berichterstatter nur die württembergischen Verhältnisse; von diesen wird er daher etwas ausführlicher reden müssen; doch ist auch in einigen süddeutschen Staaten eine Umfrage gehalten worden, deren Ergebnis in Nachstehendem mitgeteilt werden möge und wohl im Laufe der Verhandlungen von Vertretern der beteiligten Länder weiter ausgeführt und ergänzt werden wird.

Um mit dem Königreich Bayern[1] zu beginnen, so bestehen hier besondere gesetzliche oder im Verwaltungswege erlassene Vorschriften über die Organisation der Hilfeleistung bei außerordentlichen Notständen, namentlich über das Zusammenwirken der freiwilligen Hilfsthätigkeit mit den Organen des Staats und der Gemeinden nicht. Zur Bekämpfung außerordentlicher Notstände, wie sie infolge von Überschwemmungen, Hagelschlag, Brandunglück, Mißernten, industriellen Krisen u. a. entstehen, sind die sowohl in einzelnen Gemeinden und Distrikten als auch in den 8 Regierungsbezirken vorhandenen Hilfskassen und Hilfsfonds bestimmt. Unter denselben sind insbesondere die sogenannten Kreis-Maximilians-Hilfsfonds hervorzuheben, welche, von dem † König Maximilian II. mit einer Dotation von je 20000 Gulden in jedem Regierungsbezirke begründet, den Zweck haben, den Kreisverwaltungen jederzeit bereite Mittel für Zeiten des Mißwachses, der Teuerung oder der Not zu bieten. Die Summe der am Schluße des Jahres 1897 in den 8 Maximilianshilfsfonds vorhandenen Geldvorräte betrug 1 850 397 Mk. 88 Pf., während in den bestehenden 309 Orts- und

---

[1] Nach den Mitteilungen des Kgl. bayr. Ministerialrats, Herrn v. Thelemann.

81 Distrikts-Getreidemagazinen 2 557 558 Mk. 44 Pf. Geldvorräte vorhanden waren. Diese Hilfsfonds zusammen verfügen also über die reiche Summe von 4 407 956 Mk. 32 Pf.! Reichen diese Mittel im Vereine mit den lokalen Armenpflegen zur Beseitigung des Notstandes nicht aus, so müssen außerordentliche Hilfsquellen in Anspruch genommen werden. Hier sind vor allem die Sammlungen zu erwähnen. Gemäß Art. 52 u. 53 des bayerischen Polizeistrafgesetzbuchs vom 26. Dezember 1871 ist zur Veranstaltung einer Sammlung von Geld- oder sonstigen Beiträgen oder Unterschriften hierzu, insofern nicht die Sammlung sich lediglich auf Bekannte erstrecken oder nur für einen wohlthätigen Zweck durch Aufruf in öffentlichen Blättern oder Anschlägen bethätigt werden soll, polizeiliche Genehmigung erforderlich. Zuständig zur Erteilung dieser Genehmigung ist je nach dem Zwecke der Sammlung und der Ausdehnung des Gebiets, für welches dieselbe bewilligt werden soll, entweder die Allerhöchste Stelle oder die Königl. Regierung (Kammer des Innern) oder die Distriktspolizeibehörde. In der Regel ist zur Durchführung der Sammlung und zur Verteilung des Ergebnisses die Bildung eines Hilfskomitees unerläßlich. Bezüglich der Stellung der Polizeibehörden zu den Hilfskomitees ist in der Ministerialentschließung vom 19. März 1867 bestimmt, daß den Staatsbehörden in Bezug auf die Verteilung der ersammelten Gelder weder eine kuratelamtliche Bestätigung der Beschlüsse des Komitees noch die Befugnis selbständiger Disposition über die Kollektengelder zustehe, daß aber umsomehr vor der Bewilligung der Sammlung die Bildung eines verläßigen und vertrauenswürdigen Komitees anzustreben sei. Weitere Beihilfen, die den Beteiligten gewährt werden können, bestehen in Steuernachlaß (auf Grund-, Haus- und Gewerbesteuer bei jeder unabwendbaren, vorübergehenden und beträchtlichen Minderung des der Steueranlage zu Grunde liegenden Betrags), in Abgabe von Bau-, Nutz- und Werkholz um die Forsttaxe oder unter derselben, in Gewährung von Frachtermäßigung und Portobefreiung für Liebesgaben, Saatfrüchte, Baumaterialien u. dergl., sowie in Gewährung militärischer Hilfeleistung, die in der Regel durch die Distriktsverwaltungsbehörden, in sehr bringlichen Fällen auch durch die Gemeindevorstände zu erbitten ist. Die Gewährung von Staatshilfe, d. h. von Unterstützungen aus Staatsmitteln kann nur dann in Betracht kommen, wenn bei ausgedehnten Unglücksfällen oder Notständen die lokalen und provinziellen Hilfsfonds und die Ergebnisse der freiwilligen Hilfsthätigkeit nicht ausreichen, um die Beschädigten vor der Gefährdung oder Vernichtung ihrer wirtschaftlichen Existenz zu schützen. So wurde aus Anlaß des durch die Überschwemmungen im November und Dezember 1882 herbeigeführten Notstands ein Betrag von 1 575 000 Mk. zur Gewährung von Beihilfen an Distrikte, Gemeinden und Private aus der Staatskasse zur Verfügung gestellt; in anderen Fällen wurden Entschädigungen und Unterstützungen aus dem Gewinnanteil der München-Aachener Mobiliar-Feuerversicherungsgesellschaft gewährt. In den meisten Fällen aber ist es möglich, die unabweisbaren Bedürfnisse durch das Ergebnis der Sammlungen und der sonstigen freiwilligen Hilfsthätigkeit zu befriedigen.

Auch im Großherzogtum Baden ist die Hilfeleistung bei außerordentlichen Notständen staatlicherseits nicht organisiert, wohl aber beteiligt sich der Staat an derselben in wirksamer Weise. Schon durch Edikt vom 1. Juli 1817 ist die Erlassung der Grundsteuer bei Hagelschlag und anderen außerordentlichen Unglücksfällen geregelt. Ferner soll nach der Verordnung des Ministeriums des Innern vom 8. Mai 1818 in Hagelschadensfällen, sofern nach dem Gesetz ein Steuernachlaß begründet ist, auch die Erhebung einer Kollekte gestattet werden und zwar in Reborten immer, in anderen Orten dann, wenn die Felder nicht mehr mit anderen Gewächsen angebaut werden können. Zur Bewilligung von Sammlungen von Haus zu Haus innerhalb eines einzelnen Bezirks sind die Bezirksämter, innerhalb eines Kreises die betreffenden Landeskommissäre, für mehrere Kreise oder das ganze Großherzogtum das Ministerium des Innern zuständig. Auch durch Gewährung von Frachtfreiheit, von militärischer Hilfe u. a. beteiligt sich der Staat an der Hilfeleistung für die Notleidenden, in einzelnen Fällen auch unmittelbar durch Verwendung staatlicher Gelder. Im übrigen aber ist die Hilfeleistung in außerordentlichen Notständen der Privatwohlthätigkeit überlassen, als deren wichtigste Organe seit den siebziger Jahren der Badische Frauenverein und der Badische Männerhilfsverein in Betracht kommen, welche sich für Friedenszeiten auch die Linderung außerordentlicher Notstände zur Aufgabe gemacht und dementsprechend wiederholt bei größeren und kleineren Katastrophen das Hilfswerk in die Hand genommen und auch dann, wenn ein Landeshilfskomitee aus weiteren Kreisen gebildet wurde, z. B. bei den Überschwemmungen im Jahre 1896, an dem Unterstützungswerk einen hervorragenden Anteil gehabt haben; dem Frauenverein kommt dabei seine Organisation in Zweigvereinen sehr zu statten. Selbstverständlich erfolgt das Vorgehen immer im Einvernehmen mit der Großherzogl. Staatsregierung, welche ihrerseits durch Einwirkung auf die Behörden die Bestrebungen der organisierten freiwilligen Thätigkeit in jeder Weise fördert und erleichtert. So wurden z. B. bei den obengenannten Überschwemmungen im Jahre 1896 die Schäden der Hilfsbedürftigen durch das Großherzogl. Ministerium des Innern erhoben und das Ergebnis dem Landeshilfskomitee als Grundlage für seine Unterstützungen zur Verfügung gestellt, und im Jahre 1883 gehörte ein vom Ministerium des Innern delegierter Kommissar dem Landesunterstützungskomitee an.

Im Großherzogtum Hessen ist die Hilfeleistung bei außerordentlichen Notständen weder auf dem Gesetzgebungs- noch auf dem Verwaltungswege organisiert; der Staat beteiligt sich durch Steuererlaß und ähnliche Vergünstigungen an der Hilfeleistung; die weitere Hilfsthätigkeit aber bleibt der Privatwohlthätigkeit überlassen, welche von Fall zu Fall organisiert wird in der Art, wie es von Oberbürgermeister Ohly auf der Magdeburger Versammlung im Jahre 1887 des Näheren ausgeführt wurde.

Hilfe in außerordentlichen Notständen.

Aus Elsaß-Lothringen wird[1] mitgeteilt, daß gesetzliche oder verordnungsmäßige Bestimmungen über die Organisation der Hilfeleistung bei außerordentlichen Notständen auch dort nicht bestehen, thatsächlich aber im Laufe der Zeit ein Verfahren sich herausgebildet hat, nach welchem beim Eintreten größerer Notstände die öffentliche und private Unterstützung gemeinschaftlich organisiert zu werden pflegt. Es treten, sofern es sich nicht um Notstände rein lokaler Natur handelt, Komitees zusammen, gebildet aus den Kreisdirektoren, Bürgermeistern, Abgeordneten und anderen Notabeln, welche sich zu einem Bezirks- oder, falls mehrere Bezirke beteiligt sind, zu einem Centralausschusse zusammenschließen, um gemeinsam die öffentliche Wohlthätigkeit anzugehen, Sammlungen zu Gunsten der Beschädigten zu veranstalten, unter Mitwirkung und Aufsicht der Regierung den Umfang des Notstandes festzustellen und die entstandenen Schäden nach Maßgabe der eingegangenen Mittel zu vergüten. So haben sich z. B. im vorigen Jahre anläßlich des Unwetters in der Nacht vom 30. Juni zum 1. Juli in den betroffenen 4 Kreisen (Saarburg, Zabern, Hagenau und Weißenburg) aus den Abgeordneten zum Reichstag, Landesausschuß, Bezirks- und Kreistag, den Kreisdirektoren, den Vorstandsmitgliedern der landwirtschaftlichen Vereine und anderen angesehenen Einwohnern Kreishilfskomitees gebildet, welche zu einem Centralhilfsausschuß zusammentraten, um gemeinsam vorzugehen. Für dieses Vorgehen wurden vom Centralausschuß im Einvernehmen mit den Vertretern der Regierung folgende Gesichtspunkte festgestellt: 1. Ein Ersatz des Schadens ist unmöglich, es kann sich nur um Milderung der voraussichtlich entstehenden Notlage handeln. 2. Die Leistung von Unterstützungen in Geld ist durchweg zu vermeiden; es sollen vielmehr nur Beihilfen in natura mittels Lieferung von Saatfrucht u. s. w. gewährt werden. 3. Der Centralausschuß bezw. das Exekutivkomitee desselben erläßt einen Aufruf zu einer öffentlichen Sammlung und ergreift die zur Feststellung des Schadens und des Bedarfs an Früchten u. s. w. erforderlichen Maßregeln. 4. Die Regierung wird dafür sorgen, daß a) die Beschaffung von Saatfrucht festgesetzt wird, und daß die hierzu erforderlichen Mittel außeretatsmäßig bereitgestellt werden, b) daß die Verhandlungen wegen Nachlaß der Grundsteuer eingeleitet werden, c) daß Frachtermäßigungen für Eisenbahnsendungen in das Notstandsgebiet eintreten, d) daß den geschädigten Landwirten durch die Vorschußkassen Geld zu billigem Zinsfuß zur Befriedigung der nächstliegenden Bedürfnisse zur Verfügung gestellt wird, e) daß Laubstreu gewährt wird, f) daß die betroffenen Gegenden thunlichst mit Manöver verschont bleiben. Über die Ausführung der Hilfeleistung nach diesen verschiedenen Richtungen giebt eine von der Regierung dem Landesausschuß vorgelegte Denkschrift interessanten Aufschluß. Was die für außerordentliche Notstände bereitstehenden öffentlichen Mittel betrifft, so war schon seit der französischen Revolution im Staatsbudget der Regierung alljährlich ein entsprechender Kredit zur Unterstützung von Einwohnern, die infolge von Feuersbrünsten, Unwettern, Frösten, Überschwemmungen u. dergl. hilfsbedürftig geworden waren, zur

---

[1] Durch Herrn Regierungsrat Köhler im Ministerium für Elsaß-Lothringen.

Verfügung gestellt („secours spéciaux pour pertes matérielles et événements malheureux"). Auch in dem Landeshaushaltsetat für Elsaß-Lothringen befindet sich unter dem Titel „**Landwirtschaftlicher Hilfsfonds**" [1] ein Kredit zur Gewährung von Unterstützungen für Hagel- und Überschwemmungsfälle u. dergl. Der Fonds — im laufenden Etat 64 370 Mk. — wird aufgebracht durch 1 % Zuschlag zur Grund-, ½ % zur Gebäude- und 1 % zur Personal- und Mobiliarsteuer. Die Verwendung erfolgt durch die Regierung und ist nicht auf allgemeine Notstände beschränkt. Gänzlicher oder teilweiser **Erlaß der Steuern** steht der Regierung gesetzlich zu a) zu Gunsten der Eigentümer nicht überbauten Grundbesitzes, wenn sie durch Hagel, Frost, Überschwemmung oder andere ungewöhnliche Naturereignisse ihrer Einkünfte ganz oder teilweise verlustig gehen, b) zu Gunsten der Eigentümer überbauter Grundstücke, wenn ihre Gebäude ganz oder teilweise zerstört werden. Ein Rechtsanspruch auf Steuernachlaß besteht übrigens nicht. (Dagegen hat der Pächter im Falle des Verlustes der Ernte nach den Bestimmungen des code civil art. 1769 fg. Anspruch auf Pachtzinsnachlaß.)

Das **Königreich Württemberg** hat in der Centralleitung des Wohlthätigkeitsvereins ein Organ für die Hilfeleistung in außerordentlichen Not-

---

[1] Hier dürfte die Einrichtung des **Hilfsfonds** (Notstandspargelds) in Japan erwähnt werden, welche durch Gesetz vom 15. Juni 1880 eingeführt wurde und dem Schutze des Bauernstandes vor wirtschaftlichem Verfall dient. Es wird damit bezweckt: 1. die Gewährung von Nahrung, provisorischer Unterkunft, Geräten und Saatgut an Bauern, welche durch außerordentliche Unglücksfälle, wie Feuers- und Wassersnot, Sturm, Hagelschlag u. s. w., betroffen sind, 2. die Darleihung, unter Umständen auch Schenkung des für die Steuerzahlung nötigen Betrages an solche Personen, welche infolge der genannten Notstände außer stande sind, ihre Grundsteuer zu bezahlen. In jedem Bezirke ist ein Bezirksfonds errichtet, aus dem die Unterstützungen gereicht werden; nur wenn die zu reichenden Unterstützungen mehr als ⅔ des Bezirksfonds in Anspruch nehmen, tritt mit Genehmigung der Minister des Innern und der Finanzen der Centralfonds ein. Die Fonds werden dadurch gespeist, daß sich der Staat auf 20 Jahre verpflichtet hat, jährlich 1 200 000 Yen (ca. 3 % des Ertrags der Grundsteuer) beizutragen und zwar 300 000 Yen für den Centralfonds und 900 000 Yen für die Bezirksfonds; die Bezirke sind verpflichtet, mindestens den gleichen Betrag durch Zuschläge zur Grundsteuer zum Bezirksfonds beizutragen. Unterstützung findet nur statt, soweit sie unbedingt nötig ist; Unterstützung zur Zahlung der Grundsteuer wird nur gewährt, wenn der Steuerpflichtige andernfalls genötigt wäre, sein Land oder Haus zu verkaufen, und zwar meist mit der Verpflichtung zur Rückzahlung. Bis 31. März 1889 war der Hilfsfonds schon auf 18 203 795 Yen angewachsen, wovon 3 823 156 Yen auf den Centralfonds, der Rest auf die Bezirksfonds entfielen. Schon in den Jahren 1886—1889 waren die eigenen Einnahmen der Fonds aus Zinsen u. dergl. erheblich größer als die Ausgaben. Deshalb wurden sowohl die jährlichen Staatszuschüsse von 1 200 000 Yen als die Grundsteuerzuschläge vom 1. April 1890 an aufgehoben, und seither werden die Ausgaben aus den eigenen Erträgnissen der auf mindestens 20 Millionen Yen angewachsenen Fonds bestritten.

Näheres siehe K. Rathgen, Japans Volkswirtschaft und Staatshaushalt, 45. Heft von G. Schmollers Staats- u. socialwissenschaftlichen Forschungen, und P. Mayet, Landwirtschaftliche Versicherung in organischer Verbindung mit Sparanstalten u. s. w., besprochen in Dr. Schanz' Finanzarchiv 6. Jahrgang, 1. Band S. 459 ff.

Hilfe in außerordentlichen Notständen.

ständen, das wohl einzig in seiner Art dasteht und deshalb, sowie veranlaßt durch vielfache Anfragen nach der Organisation der Centralleitung und ihrer Thätigkeit bei Notständen, etwas eingehender dargestellt werden dürfte.

Es war eine Zeit schwerster Bedrängnis, als König Wilhelm I. mit seiner Gemahlin Katharina am 30. Oktober 1816 den württembergischen Thron bestieg; eine durch das ganze Elend der napoleonischen Kriege und durch mehrere aufeinanderfolgende schlechte Ernten herbeigeführte schier erdrückend schwere Notlage erreichte ihren Höhepunkt durch einen vollständigen Mißwachs im Jahre 1816. Die edle Königin, reich ausgestattet mit Gaben des Geistes und tief angelegt im Gemüte, ließ es ihre erste und wichtigste landesmütterliche Aufgabe sein, dieser großen, das ganze Land fast erschöpfenden Not eine groß angelegte, das ganze Land bis ins entlegenste Dorf umfassende Hilfeleistung entgegenzusetzen. In aller Stille arbeitete sie selbst den Plan einer gleich von vornherein als dauernde Einrichtung gedachten Organisation der freiwilligen Armenfürsorge und Wohlthätigkeit in Anlehnung an die gesetzliche Armenpflege aus und legte denselben schon Ende Dezember 1816 einem von ihr selbst ausgewählten Kreise von Männern und Frauen, welche in diesem Gebiete ein gutes Urteil und reiche Erfahrung hatten, vor. Der Plan, eingehend erörtert und von kompetenten Seiten begutachtet, fand ungeteilte Zustimmung, so daß schon am 6. Januar 1817 die **Gründung eines Wohlthätigkeitsvereins für das ganze Königreich** beschlossen und ein öffentlicher Aufruf erlassen werden konnte, in welchem die ganze Organisation klar dargelegt und zum Beitritt zu dem Verein allgemein eingeladen war. Die Organisation erhielt durch Königl. Verordnung vom 7. Januar 1817 die Allerhöchste Genehmigung, und durch eine auf Befehl des Königs ergangene Verfügung des Königl. Geheimen Rats wurden die Landvogteien und die ihnen untergeordneten Ämter mit den entsprechenden Weisungen zur Förderung des Unternehmens versehen. (Näheres über die Gründung und die Organisation der Centralleitung des Wohlthätigkeitsvereins findet sich in den von derselben herausgegebenen Blättern für das Armenwesen Jahrgang 1897 Nr. 23—32.) Beabsichtigt war nichts Geringeres als die **Mobilisierung der gesamten freiwilligen Thätigkeit des Landes zu besserer, einheitlicher und ausgiebigerer Fürsorge für die Armen und Hilfsbedürftigen im Zusammenschluß mit der amtlichen Thätigkeit** auf diesem Gebiete und die Zusammenfassung derselben in einem großen Landeswohlthätigkeitsverein, der für jede einzelne Gemeinde ein **örtliches**, für jeden Bezirk ein **Bezirks-** und für das ganze Land ein **Centralorgan** haben sollte. Der Zusammenschluß mit der amtlichen Thätigkeit wurde dadurch erreicht, daß die damaligen örtlichen Armenbehörden, die sogenannten Kirchenkonvente und Armendeputationen, für die Aufgaben der Armenpflege durch Hinzuziehung der Mitglieder der Lokalleitungen des Wohlthätigkeitsvereins sich erweiterten, bezw. daß dieselben in diesen Lokalleitungen aufgingen, an welch letztere die Armenverwalter die Erträgnisse der Armenfonds abzuliefern hatten. Diese Lokalleitungen waren aus den geistlichen und weltlichen Ortsvorstehern, einzelnen Armenfreunden und „erfahrenen, sorglichen Hausfrauen" zusammengesetzt; zu ihrer Verfügung standen neben den Erträgnissen der Armenfonds die freiwilligen Beiträge der Vereinsmitglieder, wo nötig auch Zuschüsse seitens der Centralleitung. Die einzelnen Lokalleitungen eines Bezirks wurden in einer **Bezirks- oder Oberamtsleitung** zusammengefaßt, die aus dem Oberamtmann, Dekan, Oberamtsarzt, Oberamtspfleger, Vertretern der Lokalleitungen und anderen männlichen und weiblichen Armenfreunden bestehen und über das Armenwesen innerhalb des Bezirks wachen und an die Centralleitung berichten sollten. Die **Centralleitung** unter dem Vorsitze der Königin, mit dem Sitze in Stuttgart, bestand aus einer Anzahl von der Königin selbst bestimmter männlicher und weiblicher Armenfreunde aus allen Gesellschaftsklassen und Konfessionen und sollte den Mittelpunkt für das ganze Armenwesen des Landes und der auf seine Verbesserung gerichteten Bestrebungen bilden. Charakteristisch an dieser Organisation ist die **einheitliche Zusammenfassung bei aller Freiheit und Selbständigkeit der einzelnen Vereinigungen und Veranstaltungen und die eigenartige Verbindung des Freiwilligen und Vereinsmäßigen mit dem amtlich Autoritativen.** In ihrer Zweckmäßigkeit und wohlthätigen Wirkung allgemein anerkannt, wurde diese Organisation schnell im ganzen Lande durchgeführt und erwies sich als eine äußerst glückliche Schöpfung zur Linderung des Notstandes und zur Verbesserung der Armenfürsorge überhaupt; sie zog auch bald die Aufmerksamkeit anderer Länder auf sich. Je mehr indes die damalige Not schwand und ruhigere, bessere Zeiten wiederkehrten, desto merklicher erlahmte da und dort der Eifer, sodaß die grundsätzliche Frage erörtert werden mußte, ob es richtig sei, die ganze Organisation auf das immerhin schwankende und mehr oder weniger von Zufälligkeiten abhängige Princip der Freiwilligkeit gegründet sein zu lassen, ob es nicht vielmehr angezeigt wäre, wenigstens die Spitze der Organisation, die Centralleitung, zu einer förmlichen **Staatsbehörde** umzuwandeln, um damit dem Fortbestand der Einrichtung für alle Zeiten zu sichern und dem Wirken der Centralleitung größeren Nachdruck zu verleihen. Es wurde aber für richtiger erkannt, den in der angedeuteten Verbindung von freiwilliger und amtlicher Thätigkeit zu Tage tretenden mehr **halbamtlichen Charakter** ihr zu belassen, um nicht das so wichtige Moment der Freiwilligkeit zurückzudrängen. Dagegen wurde im Jahre 1818 aus drei hierzu besonders vom König ernannten Mitgliedern der Centralleitung für ein bestimmtes Gebiet des öffentlichen Armenwesens, nämlich die Armenbeschäftigung, eine staatliche, dem Kgl. Ministerium des Innern unterstellte Landesbehörde, die Kgl. Armenkommission, gebildet, die in organischer Verbindung mit der Centralleitung des Wohlthätigkeitsvereins blieb und den amtlich autoritativen Charakter derselben verstärkte. Die örtliche Organisation ist im Laufe der Jahre meist wieder eingegangen; auch die Bezirksleitungen und Bezirksvereine sind nicht immer in gleichem Maße in Thätigkeit geblieben, wurden aber in Zeiten besonderer Not immer wieder und zwar mit Erfolg in Thätigkeit gesetzt, und gerade gegenwärtig erfreuen sich die Bezirkswohlthätigkeitsvereine wieder eines regeren Lebens und einer ersprießlichen Wirksamkeit. Die Centralleitung selbst aber hat nun schon mehr als 80 Jahre lang ihre bestimmungsgemäße

Thätigkeit ausgeübt und hat da, wo Orts- und Bezirksvereine fehlen, an den sogenannten gemeinschaftlichen Ämtern (Pfarramt und Schultheißenamt) und an den gemeinschaftlichen Oberämtern (Oberamt und Dekanatamt) die ausführenden Organe in den einzelnen Gemeinden und Bezirken. Sie ist, wenn auch nicht zur Staatsbehörde im staatsrechtlichen Sinne, so doch zu einer **amtlichen Centralstelle für das weite Gebiet der Armenpflege und Wohlthätigkeit** geworden und steht unter der unmittelbaren Aufsicht und Fürsorge des Königs und unter dem besonderen Protektorate der Königin; ihre Mitglieder (zur Zeit 17, darunter 6 Damen) werden vom Könige ernannt und bekleiden ihre Stelle ehrenamtlich mit Ausnahme des ständigen Rats. Der Gehalt des Rates und der übrigen Beamten (ein Sekretär und ein Kassierer, die gleichfalls vom Könige ernannt werden) so wie alle Kanzleierfordernisse werden auf Grund landständischer Verabschiedung von der Staatskasse getragen; weiterhin erhält die Centralleitung alljährlich vom Staat 30 500 Mk. zur Unterstützung von Anstalten und Vereinen für wohlthätige Zwecke. Ihr Kassen- und Rechnungswesen steht, wie bei den Staatsbehörden, unter der Oberaufsicht der Kgl. Oberrechnungskammer; sie genießt Steuerfreiheit für ihr Stiftungsvermögen, das durch letztwillige und andere Zuwendungen entweder für bestimmte Zwecke oder zu ihrer freien Verfügung im Laufe der Jahre auf rund 890 000 Mk. angewachsen ist; und noch viel größere Summen sind es, welche ihr von der Privatwohlthätigkeit entweder zur Verteilung unter Anstalten und Vereine des Landes oder zur Hilfeleistung in besonderen Notständen zugekommen sind. Dies beweist, daß für die Öffentlichkeit gerade in der eigenartigen Verbindung der freien Vereins- und der amtlichen Fürsorge, wie sie in der Centralleitung sich darstellt, ein vertrauenerweckendes Moment liegt; es giebt sich darin ein Vertrauen kund, wie es in dieser Allgemeinheit weder ein Privatverein, noch eine Staatsbehörde genießt; einer solchen Behörde gegenüber ist die Privatwohlthätigkeit gerne etwas zurückhaltend, für einen Verein interessieren sich in der Regel nur bestimmte, engere Kreise.

Was den **Wirkungskreis der Centralleitung**, wie er im Laufe der Jahre geworden ist, betrifft, so sind es weniger einzelne Unterstützungsfälle, mit denen sie sich befaßt, als vielmehr die allgemeinen und besonderen Ursachen der Not und Hilfsbedürftigkeit, denen sie nachgeht, und welche sie durch geeignete Maßnahmen zu beseitigen bezw. vorbeugend fernzuhalten sucht; dahin gehört vor allem die Fürsorge für eine gute Erziehung der verwahrlosten Jugend, die Fürsorge für Erwerbsbildung armer junger Leute, die Fürsorge für die arbeits- und heimatlose Bevölkerung, für Heilung und Pflege erwerbsunfähiger Personen in Heil- und Bewahranstalten, die Fürsorge für die Hebung der allgemeinen sittlichen und wirtschaftlichen Zustände in solchen Gemeinden und Bezirken, in welchen ein besonderes Bedürfnis dazu vorliegt; überhaupt ist es das ganze weitverzweigte Gebiet der Liebesthätigkeit, soweit sie nicht ausgesprochen kirchlichen Zwecken dient und kirchlichen Charakter trägt, auf welchem sie anregend, beratend, unterstützend, teilweise auch beaufsichtigend wirkt. Und je mehr es sich dabei um öffentliche Interessen handelt, um so wichtiger ist es, daß eine Stelle vorhanden ist, welche einen Gesamtüberblick über alle diese Bestrebungen, einen genauen

Einblick in ihren Betrieb und ihre sonstigen Verhältnisse, sowie ein zuverlässiges Urteil darüber hat, wo noch Lücken vorhanden und neu erwachende Bedürfnisse zu befriedigen sind.

Eine sehr wichtige Aufgabe der Centralleitung des Wohlthätigkeitsvereins ist aber die **Organisierung der Hilfeleistung bei außerordentlichen Notständen**, z. B. infolge von Hagelschlag, Überschwemmung, Dürre, Feuersbrunst u. dergl. In solchen Fällen hat sie ihre Thätigkeit vornehmlich nach zwei Seiten hin zu entfalten: 1) **die Sammlung der zur Linderung der Not erforderlichen Mittel einzuleiten**, 2) **die ersammelten Mittel in der entsprechenden Weise unter die Bedürftigen zu verteilen** bezw. zum Besten derselben zu verwenden. Der Darstellung dieser Thätigkeit der Centralleitung soll aber zunächst eine Mitteilung darüber vorausgeschickt werden, welche Maßnahmen staatlicherseits in Bezug auf außerordentliche Notstände in Württemberg getroffen sind. Hier mag erwähnt werden die **Beratung der Betroffenen durch landwirtschaftliche und bautechnische Sachverständige**, die **Gewährung von Steuernachlaß, Frachtermäßigung oder Frachtfreiheit** für Sendungen an die Beschädigten, die **Abgabe von Streumitteln**, die **Gewährung militärischer Hilfe**, in besonderen Fällen die Verwilligung von **Notstandsdarlehen** und von **Unterstützungen aus Staatsmitteln** an Gemeinden und Private, die **Ausführung von Notstandsarbeiten** (Straßen- und Flußbauten u. dergl.), um den Betroffenen Verdienstgelegenheit zu verschaffen. Sodann sind schon durch Erlaß des K. Ministeriums des Innern vom 15. Februar 1830 und später wiederholt die Gemeinden verpflichtet worden, mit ihren Mitteln und ihrem Kredit bei Notständen für die hilfsbedürftigen Gemeindeglieder, nötigenfalls unter Mitwirkung der Amtskörperschaften (Selbstverwaltungskörper der Oberamtsbezirke), einzutreten, namentlich durch **Gewährung unverzinslicher Vorschüsse**, wobei unter Umständen auch die Oberamtssparkassen in Anspruch genommen werden können. Bezüglich der **öffentlichen Anrufung der Wohlthätigkeit bei lokalen Notständen** seitens der Organe der örtlichen Armenpflege ist durch eine Ministerialverfügung vom 13. November 1863 bestimmt, daß der Erlassung eines Aufrufs in der Regel die amtliche Feststellung des Schadens vorauszugehen habe, wegen geordneter Verwaltung der eingehenden Beiträge durch einen verantwortlichen, unbeteiligten Verwalter die entsprechenden Vorkehrungen zu treffen und die Beträge unter Leitung und Aufsicht der Armenbehörde durch unbeteiligte, unbescholtene Männer nach dem Grade der Bedürftigkeit zu verteilen seien. In Fällen weiter verbreiteter Notstände sind **Aufrufe für einzelne Gemeinden in der Regel nur nach vorgängiger Anfrage bei der Centralleitung des Wohlthätigkeitsvereins zu erlassen**. Sodann wurden die Kgl. Oberämter durch Erlaß des K. Ministeriums des Innern vom 30. März 1896 darauf aufmerksam gemacht, „daß es sich empfiehlt, bei allgemeinen Notstandsfällen, welche durch elementare Ereignisse, Hagelschlag, Überschwemmungen u. s. w., hervorgerufen werden, nicht ohne weiteres Aufrufe, welche sich um Gaben an das ganze Land wenden, in den öffentlichen Zeitungen zu erlassen, sondern vorher in dieser Beziehung mit der Centralleitung des Wohlthätigkeitsvereins in Verbindung zu treten, damit erforderlichenfalls die Anrufung der Privatwohlthätigkeit in einheitlicher Weise erfolgen und der Zersplitterung und ungleichmäßigen Verteilung der Gaben vorgebeugt werden kann. Um der Centralleitung einen Überblick über die Verhältnisse des ganzen Landes zu ermöglichen, ist derselben im Falle des Eintretens eines derartigen Notstandes unter Darlegung der maßgebenden Verhältnisse alsbald Bericht darüber zu erstatten, ob das Anrufen der privaten Wohlthätigkeit geboten erscheint. Bei dieser Gelegenheit werden die Oberämter noch darauf aufmerksam gemacht, daß dem Staate Mittel zur Unterstützung einzelner, durch elementare Ereignisse u. s. w. geschädigter Privatpersonen für die Regel nicht zu Gebote stehen, daß es vielmehr in erster Linie Aufgabe der Gemeinden bezw. Amtskörperschaften ist, durch geeignete Hilfsmittel, insbesondere durch Gewährung von Notanleihen den Bedrängten beizustehen, und daß im übrigen Gesuche um Unterstützung beschädigter und bedürftiger Personen an die Centralleitung des Wohlthätigkeitsvereins zu richten sind."

Tritt ein außerordentlicher Notstand ein, bei welchem die Anrufung der Privatwohlthätigkeit in weiterem Umfange geboten erscheint, so setzt sich die Centralleitung des Wohlthätigkeitsvereins alsbald mit den Vertretern der beteiligten Bezirke ins Benehmen und erläßt namens sämtlicher Beschädigten einen öffentlichen Aufruf in den in Stuttgart erscheinenden Blättern unter Bezeichnung von Sammelstellen in allen Teilen der Stadt; gleichzeitig wird der Aufruf an sämtliche gemeinschaftliche Oberämter des Landes versandt zur alsbaldigen amtlichen Veröffentlichung in den Bezirksblättern und zwar auch unter Bezeichnung von Sammelstellen in den einzelnen Gemeinden des Bezirks; die örtlichen Sammelstellen haben die eingehenden Beiträge an die Bezirks-, die letzteren an das Kassenamt der Centralleitung als Hauptsammelstelle für das ganze Land abzuliefern. Je nach Lage des Falls können auch Sammlungen von Haus zu Haus, sowie Kirchenopfer veranlaßt werden; in ganz besonderen Fällen werden die Sammlungen auch auf benachbarte Länder und noch weiter ausgedehnt. Seitens der Beschädigten selbst sollen, außer im eigenen Bezirke, keine Sonderaufrufe in öffentlichen Blättern erlassen werden. Da aus leicht begreiflichen Gründen den beschädigten Gemeinden und Bezirken viele Gaben unmittelbar zugehen, so werden im Notstandsgebiet selbst überall Orts- und Bezirkssammelstellen errichtet, von welchen über sämtliche Eingänge genau Buch zu führen und der Centralleitung Nachweis zu liefern ist. Handelt es sich um einen Notstand, von dem hauptsächlich die landwirtschaftliche Bevölkerung betroffen ist, so werden in ländlichen Gemeinden auch Sammlungen von Felderzeugnissen vorgenommen und zwar neuerdings in der Weise, daß die Geber ihre Gaben zunächst nur in eine von Haus zu Haus gehende Liste eintragen; das Ergebnis wird durch die gemeinschaftlichen Oberämter der Centralleitung angezeigt, welche, nachdem sie zuvor den Bedarf der beschädigten Bezirke an den verschiedenen Arten von Erzeugnissen festgestellt hat, Bestimmung darüber trifft, wohin die in den einzelnen Gemeinden gezeichneten Gaben zu senden sind; erst dann werden dieselben eingesammelt und abgeliefert. Über diese

Naturalsammlungen werden bei der Centralleitung und in den empfangenden Gemeinden genaue Verzeichnisse geführt, weil der Wert der Gaben bei der Verteilung der ersammelten Geldmittel in Anrechnung gebracht wird. Solche Centralisation der Sammlungen hat zunächst den Vorteil, daß das Publikum nicht von den verschiedensten Seiten her mit Aufrufen überhäuft und belästigt und daß einem unwürdigen Wettlauf der beschädigten Gemeinden und Bezirke und dem Bestreben vorgebeugt wird, zur Erzielung reicherer Einnahmen einander in drastischen Schilderungen oder gar Übertreibungen der Not zu überbieten. Auch ist allein auf diesem Wege die Grundlage für eine gleichmäßige und gerechte Verteilung der Gaben zu gewinnen, bei welcher keine Gemeinde und kein Bezirk vor andern etwas voraus hat.

Die Centralisation der Sammlungen ist freilich nicht leicht durchzuführen; allerlei nähere oder entferntere Beziehungen einzelner Kreise zu bestimmten Gemeinden oder bestimmten Gruppen unter den Beschädigten kommen dabei in Betracht: konfessionelle Unterschiede, Parteirücksichten, Geschäftsverbindungen oder anderweitige, selbst rein gesellige Interessengemeinschaften sind oft und viel die Beweggründe, einzelne Gaben einer bestimmten Gemeinde oder einer bestimmten Gruppe zukommen zu lassen; oft ist es auch die Dankbarkeit für eine in ähnlichem Falle erfahrene Hilfe, welche in der Zuwendung von Gaben an eine ganz bestimmte Gemeinde zum Ausdruck kommt. Solche besondere Bestimmungen müssen beachtet, aber es muß auch, wenn nicht Ungleichheit und Unzufriedenheit daraus entstehen soll, bei der allgemeinen Gabenverteilung darauf Rücksicht genommen werden, und deshalb ist die Buchung auch solcher Gaben mit besonderer Bestimmung nicht zu entbehren. Von der Anrechnung ausgeschlossen bleiben nur solche Gaben, welche auf Grund verwandtschaftlicher oder sonstiger unmittelbar persönlicher Beziehungen für bestimmte Personen gegeben sind, wenn sie nicht einen Wert darstellen, der die Hilfsbedürftigkeit der betreffenden erheblich vermindert. Bei dem, was auf Umwegen „zur verschwiegenen Verteilung" in einzelnen Gemeinden noch hinzukommt und häufig in die Hände der Geistlichen gelegt wird, handelt es sich zum Glück nicht um große Beträge; sie sind für das Ganze nicht von Belang, wenn sie auch im einzelnen zu manchen Ungleichheiten und Widerwärtigkeiten führen.

Neben der Organisation der Sammlungen geht her die Organisation der Hilfeleistung in den Notstandsgebieten; zu diesem Zwecke werden sofort Bezirks- und Ortshilfskomitees gebildet, die ersteren aus Vertretern des Bezirkswohlthätigkeitsvereins und — wenn es sich um Flurbeschädigungen handelt — des landwirtschaftlichen Bezirksvereins, aus Vertretern der betroffenen Gemeinden und einigen sonstigen Vertrauenspersonen des Bezirks unter dem Vorsitz des K. gemeinschaftlichen Oberamts, die letzteren aus Mitgliedern der Ortsarmenbehörde und sonstigen Armenfreunden unter dem Vorsitz des gemeinschaftlichen Amts. Die Bestimmung darüber, in welcher Weise zur Beschaffung der dringendsten Bedürfnisse, z. B. Baumaterialien, Saatfrucht, Lebensmittel, Pflanzen, vorgegangen werden soll, bleibt den einzelnen Bezirkshilfskomitees überlassen, weil dabei die Verhältnisse der einzelnen Bezirke, die oft sehr verschieden sind, berücksichtigt werden

Hilfe in außerordentlichen Notständen.

müssen. Zur Bestreitung des augenblicklichen Bedarfs kann die Centralleitung aus dem neuerdings von ihr gegründeten Notstandsfonds sofort einen entsprechenden Betrag zur Verfügung stellen. Der Gesamtschaden der einzelnen Gemeinden und Bezirke wird zum Zweck des Steuernachlasses von Amtswegen durch den Kameral=(Steuer)beamten des Bezirks, einen von ihm zu berufenden sachverständigen Schätzer und einen von der betreffenden Gemeinde zu bestellenden Schätzer festgestellt. Diese Feststellung bezieht sich aber nur auf den Schaden der einzelnen Markungen im ganzen; der Schaden der einzelnen Beschädigten ist dann auf der damit gewonnenen Grundlage vom Ortskomitee oder der Ortsarmenbehörde zu berechnen. Daneben sind alle sonstigen Verhältnisse der Beschädigten, welche für die Beurteilung der Hilfsbedürftigkeit derselben in Betracht kommen, festzustellen und zu beglaubigen. Es ist dazu ein Formular zu benützen, welches von der Centralleitung an sämtliche vom Notstand betroffene Gemeinden hinausgegeben wird. Einrichtung und Inhalt desselben möge aus Nachstehendem ersehen werden.

Das in tabellarischer Form angelegte „Verzeichnis der unterstützungsbedürftigen Gewitterbeschädigten" enthält auf dem Titel den Namen der Gemeinde und des Bezirks, den Betrag der Staats= und der Gemeindesteuer, des gesamten Schadens auf der ganzen Markung, des der Gemeinde gewährten Steuernachlasses und der etwa von Versicherungsgesellschaften geleisteten Entschädigungen, sowie folgende Vorbemerkungen:

1. In dieses Verzeichnis sind in erster Linie diejenigen ärmeren Ortseinwohner mit einem Reinvermögen bis zu 6000 Mk. aufzunehmen, welche infolge des erlittenen Schadens wirklich hilfsbedürftig geworden sind und deshalb um Unterstützung nachsuchen.

   Außerdem werden Beschädigte mit mehr als 6000 Mk. reinem Vermögen dann berücksichtigt, wenn einerseits ihre ganze wirtschaftliche Lage und die Familienverhältnisse, andererseits die Größe des erlittenen Schadens die Hilfsbedürftigkeit darthun (vergl. Sp. 5 der Tabelle). Überhaupt soll der Grad der Bedürftigkeit nicht ausschließlich nach den Vermögensverhältnissen, sondern nach der ganzen wirtschaftlichen Lage bemessen werden.

   Geringfügige Beschädigungen können für gewöhnlich nicht berücksichtigt werden.

   Beschädigte, welche in günstigen Vermögens= oder Einkommensverhältnissen sich befinden, können an der Unterstützung nicht teilnehmen; für sie empfiehlt es sich, wo noch keine Darlehenskassen bestehen, solche zu gründen, wozu von der Centralleitung ein Beitrag gewährt werden kann.

2. Solche Beschädigte, welche gegen Hagelschaden versichert waren, werden für den durch den Hagel verursachten Schaden von der Hagelversicherungsgesellschaft entschädigt und nehmen daher an der Unterstützung nicht teil; bezüglich desjenigen Schadens aber, gegen den sie nicht versichert waren, z. B. durch Sturm, Wasser u. s. w., sind sie bei Verteilung der Unterstützungsbeiträge zu berücksichtigen.

3. Die Entschädigung wird entsprechend dem Grade der Bedürftigkeit bemessen; Schaden, gegen welchen keine Versicherung möglich ist, wird reichlicher entschädigt, als solcher, bei welchem die Möglichkeit der Versicherung vorhanden gewesen wäre.
4. Über die Einkommensverhältnisse der Bittsteller sind in Spalte 4 der Tabelle genaue Angaben zu machen; wissentlich unrichtige Angaben haben den Ausschluß von der Unterstützung zur Folge. Wenn eine Familie durch schwere Krankheiten, durch Unglück im Stall oder Geschäft u. dergl. heimgesucht ist, so wäre dies in Spalte 5 besonders zu bemerken.
5. Bei Feststellung des Schadens sind diejenigen Grundsätze thunlichst einzuhalten, nach welchen die amtliche Schätzung zum Zweck des Steuernachlasses erfolgt; übertriebene Angaben über den Schaden sind entschieden zurückzuweisen; wer sich solcher schuldig macht, läuft Gefahr, von der Unterstützung ausgeschlossen zu werden.
6. Am Schluß der ganzen Liste ist die Gesamtzahl der Bittsteller und der Gesamtbetrag ihres Schadens anzugeben und die gesamte Ausfertigung von der Ortsarmenbehörde pflichtgemäß zu beurkunden. Die Listen aus einem Bezirk sind durch das Kgl. gem. Oberamt, welches dieselben zu prüfen und unbegründeten Ansprüchen entgegenzutreten hat, mit gutächtlichem Beibericht an die Centralleitung des Wohlthätigkeitsvereins einzusenden.
7. In jeder beschädigten Gemeinde ist über alle ihr zukommenden Geld- und Naturalgaben genau Buch zu führen, ebenso seitens der Bezirkssammelstellen bezüglich der ihnen unmittelbar zukommenden Gaben. Bevor die Centralleitung des Wohlthätigkeitsvereins mit der Verteilung der verfügbaren Mittel auf die einzelnen beschädigten Bezirke beginnt, ist ihr auf jeweils zu bestimmenden Termin genaue Mitteilung darüber zu machen, wieviel in den betreffenden Bezirken bezw. Gemeinden an Geld und Naturalien schon eingegangen ist.
8. Seitens der Centralleitung des Wohlthätigkeitsvereins wird in der Regel nur bestimmt, welche Summe den einzelnen Bezirken als Entschädigung zu teil werden soll. Die Verteilung dieser Summe auf die beschädigten Gemeinden nach Maßgabe der von der Centralleitung des Wohlthätigkeitsvereins aufgestellten Bestimmungen bleibt den Bezirkswohlthätigkeitsvereinen bezw. den Bezirkshilfskomitees überlassen. Die örtliche Unterausteilung hat nach denselben Grundsätzen durch die Ortsarmenbehörde unter Zuziehung geeigneter Armenfreunde und Vertrauenspersönlichkeiten aus der Gemeinde zu erfolgen (Min.-Verf. v. 13. Nov. 1863).
9. Im Interesse einer zweckmäßigen Verwendung ist vor allem für Anschaffung der nötigen Saatfrüchte und Lebensmittel zu sorgen. Wo diese Fürsorge nicht angezeigt erscheint, darf mit Genehmigung des Kgl. gem. Oberamts eine Austeilung in barem Gelde erfolgen. Übrigens ist hierbei in keinem Fall ein Abzug für Zahlungsrückstände der Empfänger gestattet, damit die Beiträge im Sinne der Geber unverkürzt den Bedürftigen zu gut kommen.

Hilfe in außerordentlichen Notständen. 71

10. Behufs Vergewisserung über vorschriftsmäßige Austeilung und Verwendung der Beiträge sind die Listen mit den Empfangsbescheinigungen dem Kgl. gem. Oberamt und von diesem der Centralleitung des Wohlthätigkeitsvereins zur Prüfung vorzulegen.

Die Tabelle ist folgendermaßen eingerichtet:

1.	2.	3.			4.	5.
Namen, Stand, Gewerbe und Alter der Beschädigten.	a) Zahl der unerzogenen Kinder und der sonstigen erwerbsunfähigen Angehörigen. b) Zahl der erwerbsfähigen Angehörigen.	Vermögensverhältnisse.			Jahreseinkommen aus dem Gutsertrag, Gewerbebetrieb, Besoldung, Arbeitslohn, Unfall-, Invaliditäts-, Altersrente u. dergl.	Etwaige besondere Verhältnisse in Familie oder Geschäft, welche die wirtschaftliche Lage ungünstig beeinflussen.
		Gesamtvermögen.	Schulden a) versicherte, b) unversicherte, c) zusammen.	Reines Vermögen.		
		ℳ	ℳ	ℳ	ℳ	
	a) b)		a) b) c)			

6.					7.	8.		9.
Betrag des erlittenen Schadens (nach genauer Feststellung) an					Art des Schadens (Hagel, Sturm, Wasser u. dergl.); (bei Hagelschaden, ob versichert u. wie viel die Entschädigung beträgt).	Zuteilung von den Unterstützungsbeiträgen in		Empfangsbescheinigung.
a. Gebäuden.	b. Gartengewächsen und Feldfrüchten.	c. Obstbäumen bezw. Obst.	d. Weinbergen.	e. Zusammen.		Naturalien, (wobei zugleich der Geldwert anzugeben ist).	Geld.	
ℳ	ℳ	ℳ	ℳ	ℳ			ℳ	

Sind die Verzeichnisse von den örtlichen Organen ausgefüllt, so sind sind sie vom Bezirkshilfskomitee oder vom Kgl. gemeinschaftlichen Oberamte besonders auch in der Richtung zu prüfen, ob nicht einzelne Gemeinden im Vergleich mit anderen ihren Schaden zu hoch berechnet haben. Früher wurden die Beschädigten nach ihrem Reinvermögen in mehrere Vermögensklassen eingeteilt (unter 2000, 2—4000, 4—6000 Mk.); nach der Höhe des Vermögens und des Schadens richtete sich dann das Maß der Unterstützung. Obgleich dieser Einteilungsgrund den Vorzug zahlenmäßiger Bestimmtheit hatte, so ist die Centralleitung doch auf Grund der gemachten Erfahrungen dazu übergegangen, nicht mehr nur vorwiegend das Vermögen, sondern die **ganze wirtschaftliche Lage** des Beschädigten zu Grunde zu legen. Dazu ist allerdings erforderlich, daß jeder einzelne Beschädigte nach seinen ganzen Verhältnissen von der Centralleitung geprüft und in die entsprechende **Bedürftigkeitsklasse** eingereiht wird. Bei dieser Prüfung sämtlicher Gesuche aus dem ganzen Notstandsgebiet nach einheitlichen Gesichtspunkten zum Zweck einer richtigen Klassifikation können dann auch Verschiedenheiten zur Ausgleichung gebracht werden, welche sich daraus ergeben, daß die einzelnen Bezirke nicht durchweg den gleichen Maßstab anlegen. Solche Verschiedenheiten, welche zur Benachteiligung einzelner Bezirke führen müßten, können nur an einer Centralstelle erkannt und beseitigt werden. (Die bedürftigen Gewitterbeschädigten des vorigen Jahres wurden in 4 Bedürftigkeitsklassen eingeteilt, nachdem diejenigen Beschädigten, bei welchen Bedürftigkeit nicht als vorhanden anzuerkennen war, zuvor ausgeschieden waren.) Nach Maßgabe der verfügbaren Mittel wird dann bestimmt, wie viel Prozente ihres Schadens die Beschädigten in den einzelnen Klassen als Unterstützung erhalten sollen, wobei mit dem Grade der Bedürftigkeit der Betrag der Unterstützung abnimmt. So kommt die Centralleitung in die Lage, genau berechnen zu können, wie viel Unterstützung der einzelne Bezirk des Notstandsgebiets zu bekommen hat; den Bezirkshilfskomitees aber bleibt es überlassen, die ihnen überwiesene Summe auf die einzelnen beschädigten Gemeinden ihres Bezirks zu verteilen, wobei die von der Centralleitung berechneten Prozentsätze nicht eine absolut bindende Norm bilden, sondern mehr eine allgemeine Direktive sein sollen, sodaß also auch noch die wirtschaftlichen Verhältnisse der einzelnen Gemeinden als solcher (z. B. ihr Vermögensstand, die Erwerbsgelegenheit u. dergl.) berücksichtigt werden können. Der vom Bezirkshilfskomitee der einzelnen Gemeinde zugewiesene Betrag ist sodann durch das Ortskomitee oder durch die Ortsarmenbehörde unter Zuziehung geeigneter Vertrauenspersonen aus der Gemeinde unter diejenigen Beschädigten, deren Unterstützungsgesuche als berücksichtigenswert anerkannt sind, zu verteilen, wobei ebenfalls der von der Centralleitung für die einzelnen Klassen berechnete Prozentsatz als allgemeine Direktive gelten soll, ohne daß sachlich begründete Abweichungen im einzelnen ausgeschlossen wären.

Das sind die in vieljähriger Praxis gewonnenen Grundzüge der Organisation der Hilfeleistung bei außerordentlichen Notständen in Württemberg; sie haben in einzelnen Punkten im Laufe der Zeit Änderungen erfahren, soweit ein Bedürfnis sich bemerklich machte. Daß für die Beurteilung der Frage der Bedürftigkeit nicht mehr nur der Vermögensstand, sondern die ganze wirtschaftliche Lage entscheidend ist, wurde schon oben erwähnt; ebenso ist die frühere Übung, jeder bedürftigen Familie ohne Unterschied zum voraus eine und dieselbe Gabe und zu derselben einen nach dem Vermögensstand und Schadensbetrag berechneten Zuschlag zu gewähren, wobei auch die kleinsten Schäden berücksichtigt wurden, verlassen worden, weil es dabei vorkommen konnte, daß ganz Arme, die kaum etwas zu verlieren hatten, verhältnismäßig zu viel erhielten. Aber im großen und ganzen hat sich die Organisation bewährt, wenn sie auch nicht immer allen Wünschen gerecht zu werden vermochte. Die Begehrlichkeit ist ja leider gerade bei solchen Anlässen sehr groß.

In den ersten 25 Jahren ihres Bestehens hat die Centralleitung dank der Opferwilligkeit der Privatwohlthätigkeit — ganz abgesehen von dem, was in den Notstandsgebieten unmittelbar eingekommen ist, und von dem Werte der gespendeten Naturalien — die Summe von 142 356 fl. (244 038 Mk. 86 Pf.), in den folgenden 25 die Summe von 830 855 fl. (1 424 342 Mk. 11 Pf.), zusammen also in 50 Jahren 1 668 362 Mk. 97 Pf. auf Unterstützungen bei außerordentlichen Notständen verwenden dürfen, in den letzten 31 Jahren ihres nun 81 jährigen Bestehens aber 4 284 829 Mk. 30 Pf., also insgesamt 5 925 245 Mk. In den letzten 31 Jahren ist sonach fast dreimal so viel aufgebracht und aufgewendet worden, als in den ersten 50 Jahren, ein Beweis dafür, wie viel mehr heutzutage in solchen Dingen geschieht, als in früheren Zeiten. Freilich hat die Zufriedenheit und Dankbarkeit nicht gleichen Schritt mit dieser erfreulichen Entfaltung des Wohlthätigkeitssinnes gehalten.

Ein Einwand wird vielleicht gegen diese Organisation geltend gemacht werden, nämlich der: daß bis alle Feststellungen und Nachweisungen erfolgt sind, auf Grund deren die Unterstützung der Hilfsbedürftigen vorgenommen werden kann, zu viel Zeit vergehe und **die Hilfe wohl zu spät komme**. Dem gegenüber ist nochmals daran zu erinnern, daß durch die Gewährung von Darlehen und Vorschüssen jedem früher hervortretenden Bedürfnis genügt werden kann; zugleich liegt darin ein gewisser Antrieb, in solchen Fällen die Hilfe nicht in erster Linie und nicht ausschließlich von außen her zu erwarten, sondern, was gewiß das Naturgemäßere ist, zuvörderst den Weg der **Selbsthilfe** zu betreten. Jedenfalls aber hat sich in Württemberg ein Übelstand dabei noch nie herausgestellt.

Aus den vorstehenden aus Erfahrung geschöpften Ausführungen ergeben sich nun gewisse **allgemeine Forderungen bezüglich der Hilfeleistung bei außerordentlichen Notständen**, und davon soll im Nachfolgenden weiter die Rede sein.

Zunächst empfiehlt sich **für jedes Land und jede Provinz die Schaffung eines Organs für die Hilfeleistung** und zwar in Anlehnung an die politische Einteilung als **Orts-, Bezirks- und Landes- bezw. Provinzialorgan**. Diese Organisation soll durch alle Stufen hindurch **die freiwillige Thätigkeit in die engste Fühlung mit derjenigen der amtlichen Organe bringen** und namentlich dem Landesorgan einen möglichst autoritativen Charakter verleihen, um ihm nach allen Seiten hin den nötigen Einfluß zu sichern. Solche Organisation wird sich aber um so wirksamer erweisen, wenn sie zu einer **ständigen** Einrichtung gemacht wird. Auf außerordentliche Notstände soll man ebenso vorbereitet sein, wie auf einen Krieg; und wenn bei den Verhandlungen in Magdeburg im Jahr 1887 die Meinung geäußert wurde, außerordentliche Notstände, wie diejenigen, unter deren Eindruck die damalige Versammlung stand, kehren vielleicht alle 20—30 Jahre oder auch nie wieder, einem ständigen Organ würde also die Gelegenheit zur Bethätigung fehlen, so hat inzwischen die Zeit und haben namentlich die letzten Jahre und auch das gegenwärtige Jahr wieder gelehrt, daß Naturereignisse, wie sie für größere oder kleinere Gebiete außerordentliche Notstände zur Folge haben, in ganz unheimlicher Weise sich häufen und an Intensität zunehmen; besonders in Süddeutschland hat man diese Erfahrung in schmerzlichster Weise gemacht. Wenn übrigens ein ständiges Centralorgan für außerordentliche Notstände in einem Lande vorhanden ist, so wird ein solches dann auch Notständen von geringerem Umfang seine Aufmerksamkeit schenken und sie in den Bereich seiner Thätigkeit ziehen können, wodurch allein verhütet werden kann, daß, was nicht selten vorkommt, in solchen vereinzelten Fällen des Guten zu viel geschieht. Zudem liegt ganz unverkennbar ein **Streben nach Centralisierung auf dem Gebiete der Wohlfahrts- und Wohlthätigkeitsbestrebungen** im Zuge der Zeit, wie unter anderem die kürzlich erfolgte Gründung eines Verbandes deutscher Wohlfahrtsvereine beweist. Darum sollte gerade der jetzige Zeitpunkt benützt werden, um auch auf dem so wichtigen Gebiete der Hilfe in außerordentlichen Notständen dem bunten Nebeneinander und planlosen Durcheinander, das da und dort noch zu Tage tritt, eine zweckmäßige, zielbewußte Organisation entgegenzusetzen. Eine solche Organisation wird übrigens — das hat die Erfahrung des letzten Jahres gelehrt — sich nicht nur auf die einzelnen Länder und Provinzen beschränken dürfen, sondern **in einer Centralstelle für das ganze Reich** ihre Spitze finden müssen, aber nicht in dem Sinne, als ob von dieser Centralstelle aus die Hilfeleistung bei Notständen in den einzelnen Bundesstaaten dirigiert und alles nach **einer** Schablone behandelt werden sollte, sondern in dem Sinne, daß bei umfangreichen Notständen, die gleichzeitig in verschiedenen Teilen des Reiches auftreten und die Leistungsfähigkeit der betroffenen Gebiete übersteigen, diese Centralstelle die Sammlungen im großen betreiben, störender Konkurrenz in öffentlicher Anrufung der Wohlthätigkeit vorbeugen und das Ergebnis der Sammlungen den einzelnen Landes- oder Provinzialstellen nach Maßgabe des nachgewiesenen Schadens und Bedürfnisses zuteilen würde. Weiterhin würde eine deutsche Centralstelle mit den Vertretern der Landes- und Provinzialstellen sich in Fühlung zu erhalten und in gemeinsamer Beratung mit ihnen die wichtigsten Grundsätze festzustellen haben, nach welchen die Hilfeleistung in den einzelnen Gebieten einheitlich durchzuführen wäre, ohne daß den besonderen Verhältnissen und Bedürfnissen des einzelnen Gebietes dabei Gewalt angethan werden müßte. Als solche Centralstelle hat sich im vorigen Jahre das **Berliner Centralkomitee für die durch Unwetter Geschädigten Deutschlands** vorzüglich bewährt und sich ein bleibendes Verdienst um die wirksame Bekämpfung der schweren Notstände

Hilfe in außerordentlichen Notständen.

in den verschiedenen Teilen des deutschen Vaterlandes erworben; es hat sich gewiß keines der Hilfskomitees durch das Centralkomitee in seiner Thätigkeit beengt oder gehindert gesehen, vielmehr hat jedes nur Förderung und Unterstützung erfahren dürfen. Ob für die Hilfeleistung bei außerordentlichen Notständen eine neue Organisation geschaffen oder etwa eine schon bestehende Organisation (z. B. die des Roten Kreuzes) dazu benutzt und erweitert werden soll, das wird sich jeweils nach den besonderen Verhältnissen richten müssen. So viel über die mehr formale Seite der Organisationsfrage!

Wenn es sich sodann um die **Mittel** handelt, deren die Organe der Hilfeleistung zur Erfüllung ihrer Aufgabe bedürfen, und um die **allgemeinen Grundsätze**, nach welchen die Hilfeleistung erfolgen soll, so dürfte in ersterer Beziehung zunächst auf die Schaffung eines besonderen Fonds für außerordentliche Notstände, eines **Notstandsfonds**, mindestens für jedes Land hingewirkt werden. Damit würde ein Dreifaches zu erreichen sein: einmal stünden in jedem Lande jederzeit, schon ehe die Privatwohlthätigkeit im einzelnen Falle mobil gemacht werden kann, Mittel zur Befriedigung der im ersten Augenblick hervortretenden, bringendsten Bedürfnisse zur Verfügung; sodann wäre damit die Möglichkeit gegeben, bei Notständen von geringerem Umfang, ohne jedesmal die Wohlthätigkeit öffentlich aufzurufen, die erforderliche Hilfe zu leisten, und schließlich käme durch einen solchen Fonds, wenn er einigermaßen leistungsfähig wäre, dasjenige Organ, das ihn zu verwalten und über ihn zu verfügen hätte, in die Lage, bezüglich der Veranstaltung von öffentlichen Sammlungen und der Durchführung des Unterstützungswerkes seine Anleitungen und Weisungen zu erteilen und alles fernzuhalten, was in die Organisation störend eingreifen könnte. Die Centralleitung des Wohlthätigkeitsvereins hat, wie oben bemerkt, für Württemberg vor 2 Jahren einen solchen Notstandsfonds gegründet, der sich schon sehr bewährt hat und immer mehr bewähren wird, je reicher er fundiert werden wird. Zur Bildung solcher Fonds dürften neben besonderen Zuwendungen der Privatwohlthätigkeit auch **regelmäßige Beiträge aus Staatsmitteln** dienen, wie sie dem obengenannten württembergischen Notstandsfonds gewährt sind; und solche **mittelbare Staatshilfe** dürfte dem vielbegehrten unmittelbaren Eintreten des Staats mit seinen Mitteln bei Notständen in mehrfacher Hinsicht vorzuziehen sein. Weiterhin wird aber auch in Aussicht genommen werden können, daß in solchen Fällen, in welchen durch öffentliche Sammlungen für einen Notstand reichlichere Mittel zusammengebracht werden, als zur Befriedigung des wirklichen Bedürfnisses erforderlich sind, das, **was über das Maß des Bedürfnisses hinausgeht**, diesem Notstandsfonds zur Verwendung für bringlichere Fälle zugeführt würde. Man wird ja wohl annehmen dürfen, daß, wer anläßlich eines Notstandes eine Gabe ohne specielle Bestimmung für einzelne Personen oder Kreise giebt, dies nicht in dem Sinne thut, daß seine Gabe unter Umständen auch unnötiger- und überflüssigerweise verwendet werden müßte, sondern in dem Sinne, daß er dann, wenn das Bedürfnis gedeckt ist, auch mit einer anderen besseren Verwendung einverstanden ist; hat er doch seine Gabe zur Steuer der Not und nicht für die Unnot gegeben. Die Haupteinnahmequelle aber werden für diesen Fonds die anläßlich eintretender

Notstände zu organisierenden besonderen Sammlungen bilden, die möglichst zu centralisieren sind; der Notstandsfonds wird die Hauptsammelstelle für das ganze Land sein, an welche die anderen Sammel=
stellen in den Bezirken und Gemeinden ihre Einnahmen abzuliefern haben. Weil aber dem mannigfach sich geltend machenden Bedürfnis, für eine ein=
zelne Gemeinde oder Gegend des Notstandsgebiets direkt zu geben, nicht wohl entgegengetreten werden kann, so muß Vorkehrung getroffen werden, daß, was im Notstandsgebiet an Geld oder Naturalien direkt eingeht, genau verzeichnet und der Centralstelle durch Vorlage der Bücher nachgewiesen wird. Denn das Maß dessen, was ein Bezirk als Anteil an den ohne besondere Bestimmung gegebenen Gaben zu erhalten hat, wird sich nach dem Betrage richten, der ihm schon zum voraus direkt zugekommen ist. **Ist eine Centralstelle in einem Lande vorhanden, so soll nur diese bei außer=
ordentlichen Notständen öffentliche Aufrufe erlassen**, und je schneller dies geschieht, umsoweniger wird von anderen Seiten mit Aufrufen vor=
gegangen werden; sie muß dafür sorgen, daß es so rasch und so allgemein als möglich bekannt wird, daß sie die einheitliche Fürsorge für die Not=
leidenden in die Hand genommen hat. Einer ständigen Centralstelle ist das unverzüglich möglich, während zur Bildung eines Hilfskomitees im ein=
zelnen Fall, zur Konstituierung desselben, zur Feststellung des Aufrufs u. s. w. mindestens ein Zeitraum von einigen Tagen erforderlich ist, innerhalb dessen leicht von anderer Seite Vorstöße gemacht und Sammlungen eingeleitet werden können, auf welche das Centralkomitee hernach nur schwer, vielleicht auch gar nie Einfluß gewinnen kann. **Wo eine vertrauenswürdige ständige Centralstelle vorhanden ist, sollten die Orts= und Bezirksbehörden von der Regierung ein= für allemal angewiesen werden, von eintretenden außerordentlichen Notständen unverweilt an die Centralstelle Anzeige zu erstatten und ohne die aus=
drückliche Zustimmung der letzteren keinerlei öffentliche Aufrufe zu erlassen.**

Ob sich bei Veranstaltung von Naturalsammlungen die Errichtung von Centralmagazinen, wohin alle Gaben zunächst einzuliefern, wo sie zu sichten und von wo sie nach den einzelnen Punkten des Notstandsgebiets zu versenden wären, oder der im vorigen Jahre in Württemberg eingeschlagene und bewährte Weg, wie er oben beschrieben wurde, mehr empfiehlt, wird sich jeweils nach den Verhältnissen entscheiden, namentlich darnach, ob die nötigen Räumlichkeiten und die zur Besorgung solcher Magazine erforder=
lichen Arbeitskräfte leicht und ohne zu großen Aufwand zu beschaffen sind. Daß übrigens bei solchen Naturalsammlungen auch vieles Zweifelhafte und Wertlose mit unterläuft, das aus Zweckmäßigkeits= und volkserziehlichen Gründen besser zurückgehalten wird, darauf ist schon bei den Verhandlungen im Jahre 1887 mit sehr drastischen Beispielen hingewiesen worden.

Bezüglich der Geld= und Naturalsammlungen bei außer=
ordentlichen Notständen ist also die Forderung thunlichster **Centralisation** zu erheben.

Dieselbe Forderung ist zu stellen hinsichtlich der **Feststellung des Schadens**. Für die Berechnung des Schadens, der durch elementare Er=
eignisse herbeigeführt und über ein größeres Gebiet verbreitet ist, muß die

Aufstellung einheitlicher Normen durch unabhängige Sachverständige als unbedingt erforderlich bezeichnet werden; jedenfalls darf es nicht den einzelnen Beschädigten selbst oder auch nur den einzelnen Gemeinden überlassen bleiben, von sich aus ihren Schaden zu schätzen; denn bei diesem Verfahren würde ein sehr verschiedenartiger Maßstab zur Anwendung kommen, und es würde nach den gemachten Erfahrungen sicher nicht ausbleiben, daß einzelne, um sich einen Löwenanteil an der Unterstützung zu sichern, ihren Schaden stark übertreiben und daß andere, Bescheidenere und Gewissenhaftere in Nachteil kommen würden. Für das bekannte Sprichwort: "Bescheidenheit ist eine Zier, doch kommt man weiter ohne ihr", haben die Leute bei solchen Anlässen erfahrungsgemäß sehr viel Sympathie. Die Centralstelle hat also dafür zu sorgen, daß für die Schadensberechnung in den einzelnen Gemeinden einheitliche Grundsätze aufgestellt und zur Anwendung gebracht werden. Und gewiß wird überall der Staat seine Sachverständigen gerne und kostenlos für solche Zwecke zur Verfügung stellen; am besten wird es sein, wenn der Staat selbst durch seine Organe den gesamten Schaden des ganzen Notstandsgebiets feststellen läßt und die dabei zu Grunde gelegten Normen und die dabei gewonnenen Resultate der Centralstelle mitteilt, damit diese in der Lage ist, den Schaden der um Unterstützung nachsuchenden Hilfsbedürftigen nach denselben Grundsätzen im einzelnen erheben zu lassen und die Richtigkeit der Schadensangaben der einzelnen Bittsteller an dem Maßstab der staatlichen Feststellungen zu prüfen.

So lange der Gesamtschaden und der Schaden der einzelnen Hilfsbedürftigen nicht genau festgestellt ist, kann und soll mit einer eigentlichen Verteilung der Gaben nicht begonnen, doch sollen den örtlichen Organen zur Linderung einer etwa eintretenden Not vorschußweise Mittel zur Verfügung gestellt werden. Man weist freilich bei solchen Notständen immer wieder auf das alte Wort hin: bis dat, qui cito dat; aber es ist ein Mißbrauch dieses Wortes, wenn man damit das Verlangen prüfungslosen Gebens begründen will. Und man wird kühnlich behaupten dürfen: nicht nur doppelt, sondern drei- und vierfach giebt, wer nach einheitlichen und gerechten Grundsätzen giebt. Daß das Publikum unter dem ersten Eindruck einer Hiobsbotschaft am freigebigsten ist, steht außer allem Zweifel, und deshalb soll auch — zumal in unserer so rasch lebenden und schnell vergessenden Zeit — die Gunst des ersten Augenblicks für die Sammlungen thunlichst ausgenützt werden. Aber mit dem Hingeben des Ersammelten an die Beschädigten ist unbedingt zuzuwarten, bis die Grundlage für eine gleichmäßige und gerechte Verteilung gewonnen ist, was allerdings oft viele Zeit erfordert, während welcher, wie schon bemerkt, im Bedarfsfalle durch unverzinsliche Darlehen und Vorschüsse zu sorgen ist.

Der eigentlichen Austeilung hat ferner voranzugehen die Feststellung aller derjenigen Verhältnisse der einzelnen Beschädigten, welche ein genaueres Bild ihrer ganzen wirtschaftlichen Lage geben und auf die Beurteilung des Grades der Bedürftigkeit von Einfluß sind; diese Feststellung erfolgt am besten mittels Fragebogens in tabellarischer Form.

Die unmittelbare Hilfeleistung, die Verteilung und Verwendung der

Liebesgaben darf aber nicht so weit centralisiert werden, daß von der Centralstelle aus für jeden einzelnen Beschädigten bestimmt würde, was er bekommen und was für ihn geschehen soll; Sache der Centralstelle kann es nur sein, den Anteil der einzelnen Bezirke des Notstandsgebiets an dem Unterstützungsfonds nach einheitlichem Maßstabe zu bestimmen und die allgemeinen Grundsätze aufzustellen, nach welchen innerhalb der Bezirke und Gemeinden die Verteilung und Verwendung im einzelnen vor sich zu gehen hat. In erster Linie ist grundsätzlich festzustellen, wer überhaupt unterstützt werden soll mit Liebesgaben? Hierbei dürfte davon auszugehen sein, daß Liebesgaben nicht für Kommunen, die allerdings an öffentlichen Gebäuden, Anlagen, Straßen, Brücken u. dergl. sehr empfindlich geschädigt sein können, sondern für Private gegeben sind. Was nun die Unterstützung Privater betrifft, so sah man es früher als ganz selbstverständlich an, daß nur wirklich Bedürftige an Liebesgaben teilnehmen; solche, die sich irgendwie selbst oder mit Hilfe der Ihrigen zu helfen in der Lage waren, hätten sich geschämt, unter den Bittenden zu erscheinen. Heutzutage aber macht sich das Bestreben geltend, den Kreis der zu Berücksichtigenden möglichst weit auszudehnen; ja es wird geradezu die Forderung gestellt: wie alle ohne Unterschied vom Unglück betroffen sind, so sollen auch alle ohne Unterschied an den Liebesgaben zur Linderung des Unglücks teilnehmen. So ist z. B. in Württemberg ein Mann in guten Verhältnissen mit einem völlig schuldenfreien Besitztum im Werte von 20 000 Mk. und einem gangbaren Geschäft, weil er einen Schaden von 3 Mk. erlitten hatte, auch mit dem Anspruch auf Unterstützung aufgetreten — selbstverständlich ohne Erfolg; und ähnliche Beispiele ließen sich noch manche anführen. Es zeigt sich hier, daß kommunistische Neigungen nicht bloß unter den unbemittelten Klassen sich regen. Daran wird unter allen Umständen festzuhalten sein, daß nur solche unterstützt werden dürfen, welche einer Unterstützung bedürftig sind. Der Begriff der Bedürftigkeit ist freilich schwer zu präcisieren; keinenfalls ist derselbe im armenrechtlichen Sinne zu verstehen, vielmehr wird im einzelnen Falle darnach zu bestimmen sein, ob bei den vorliegenden Familien-, Erwerbs-, Vermögens- und anderen persönlichen Verhältnissen der Schaden so hoch ist, daß er ohne die Hilfe der Privatwohlthätigkeit nicht überwunden werden kann. Die Frage der Bedürftigkeit wird also nach dem Verhältnis des Schadens zur ganzen wirtschaftlichen Lage des Beschädigten zu beurteilen und darum von Fall zu Fall, d. h. für jeden einzelnen Beschädigten besonders zu entscheiden sein. Es fallen hierbei auch lokale Unterschiede sehr wesentlich ins Gewicht: ein Besitz im Werte von 4—6000 Mark kann in der einen Gegend schon als Reichtum gelten, während er in anderer Gegend, wo der Boden mehr ausgenützt wird und teurer ist, nur von geringfügiger Bedeutung ist. Auch wird die Hilfeleistung nicht nur auf die sogenannten kleinen Leute zu beschränken, sondern auch auf den sogenannten Mittelstand, der von solchen Heimsuchungen oft viel empfindlicher und nachhaltiger als der ganz kleine Mann betroffen wird und sehr der Stärkung bedarf, auszudehnen sein. Eine zahlenmäßige Grenze für die Bedürftigkeit läßt sich also nicht feststellen. Daß Leute, welche keinen Besitz und darum auch nichts zu verlieren gehabt haben, nicht mit Liebesgaben, sondern mit Armenmitteln zu unterstützen sind, soll nur deswegen ausdrücklich erwähnt werden, weil, wo man solche Arme an den Liebesgaben teilnehmen läßt, gerne der Vorwurf erhoben wird, daß diejenigen, die eigentlich keinen Schaden gehabt haben, am meisten bekommen.

Weiter ist grundsätzlich festzustellen, wie, d. h. **in welchem Maße unterstützt werden soll?** So selbstverständlich es ist, daß das Maß der Unterstützung nach dem Grade der Bedürftigkeit und nach der Höhe des Schadens sich zu richten hat, so wird dieser Grundsatz doch vielfach angefochten. In Württemberg ist im vorigen Jahre ganz ernsthaft die Forderung erhoben worden, die Gaben sollen gleichmäßig verteilt werden, weil das Unglück auch alle gleichermaßen betroffen habe; von welcher Seite dieses Verlangen nach Gleichmacherei ausging, läßt sich denken. Von anderen Seiten wurde gefordert, die Gaben sollen nach dem Steuerfuße, d. h. so verteilt werden, daß, wer am meisten Steuer zu bezahlen hat, weil er den größten Besitz hat, am meisten, derjenige aber, der wenig Steuer bezahlen darf, weil er nicht viel hat, wenig von den Liebesgaben bekommen soll; dabei wurde gedroht, daß die Besitzenden, wenn sie nicht im Verhältnis zu ihrer Steuerleistung an den Liebesgaben teilnehmen dürften, bei künftigen Sammlungen für Notleidende nichts mehr beisteuern werden. Die eine wie die andere Forderung mußte entschieden zurückgewiesen werden. **Die sachlich richtigste Art der Verteilung wird erzielt werden durch Bildung mehrerer Bedürftigkeitsklassen und durch Bestimmung eines durchschnittlichen Entschädigungssatzes für jede derselben.** Bei der Einreihung der Beschädigten in die einzelnen Bedürftigkeitsklassen, die im Interesse der Einheitlichkeit durch die Centralstelle vorzunehmen wäre, sind neben dem Vermögensstande auch die Familienverhältnisse (Zahl und Alter der Kinder), die Erwerbsverhältnisse (z. B. ob einer als Angestellter, Arbeiter u. dergl. seinen regelmäßigen Verdienst hat, der trotz des Notstandes fortgeht und vielleicht gar infolge desselben sich noch steigert, oder ob er durch den Notstand um jede Einnahme gekommen ist) und sonstige besondere Verhältnisse (wie Krankheit in der Familie, Unglück in der Viehhaltung, schlechter Geschäftsgang u. s. w.) in Betracht zu ziehen. Weiter ist bezüglich des Maßes der Unterstützung wohl auch daran festzuhalten, daß es sich für die Privatwohlthätigkeit doch nicht um völligen Ersatz des erlittenen Schadens — der zudem hie und da übertrieben wird, sodaß am Ende gar ein materieller Gewinn dabei herauskäme — handeln kann, sondern nur um die Beseitigung wirklicher Not und um eine Beihilfe zur Wiederaufrichtung der bedrohten Existenz, und daß ein Unterschied gemacht werden muß zwischen solchen Beschädigungen, gegen deren Folgen man sich durch Versicherung zu schützen Gelegenheit hat, und solchen, bei welchen diese Möglichkeit nicht vorhanden ist.

Eine weitere Frage, die grundsätzlich zu entscheiden ist, ist die: **womit unterstützt werden soll, ob mit Geld oder mit Naturalien?** Die Naturalunterstützung wird für die Regel den Vorzug verdienen, weil hiebei die Möglichkeit gemeinsamer und damit billigerer und besserer Beschaffung der erforderlichen Naturalien gegeben ist; meist wird sich diese Form der Unterstützung auch schon daraus ergeben, daß schon vor der Verteilung der ersammelten Gelder gemeinsamer Bezug von Naturalien erfolgt ist, wofür die einzelnen die Bezahlung schuldig geblieben sind, so daß die Liebesgaben ihnen nunmehr an der Schuld abgeschrieben werden können. Doch sollte Unterstützung in barem Gelde nicht principiell ausgeschlossen sein, da es doch manche Bedürfnisse des Lebens giebt — es sei nur an Beleuchtung, Heizung, Reinigung, Kleidung, auch an Bezahlung von Zinsen erinnert —, wozu die Leute bares Geld in Händen haben müssen. Daß aber bei solchen, welche zur Befürchtung von Mißbrauch des Geldes Anlaß geben, besondere Vorsicht anzuwenden ist, versteht sich von selbst.

Auf der Grundlage dieser allgemeinen Normen wird die Centralstelle die Unterausteilung der Gaben auf die einzelnen Beschädigten und die Art der Verwendung derselben den Bezirks- und örtlichen Organen zu überlassen haben; giebt es doch im einzelnen Fall noch so manches zu berücksichtigen, was sich schriftlich und tabellarisch nicht darstellen läßt; auch können in der Zeit zwischen der Ausfertigung der Tabelle und der Verteilung der Gaben die Verhältnisse im einzelnen sich ändern. In diesem Sinne empfiehlt sich bei der eigentlichen Unterstützung der Beschädigten eine gewisse Decentralisation der Hilfeleistung, die freilich die in erster Linie zu fordernde centrale Organisation der Hilfe in außerordentlichen Notständen nicht aufheben oder beeinträchtigen darf.

Endlich dürfte als grundsätzliche Forderung für die Organisation der Hilfe, wie schon oben kurz angedeutet, zu betonen sein, daß auf allen Stufen der Organisation ein stätes Zusammengehen und Zusammenwirken der freiwilligen Hilfsarbeit mit den Organen der Staats- und Kommunalverwaltung zu gegenseitiger Ergänzung und Förderung anzustreben ist.

Wenn im Vorstehenden versucht worden ist, eine Organisation der Hilfe in außerordentlichen Notständen zu skizzieren und einige allgemeine Grundsätze für die Hilfeleistung in solchen Fällen aufzustellen, so ist es geschehen in der Absicht, auf Grund der gemachten Erfahrungen einen Beitrag zu liefern zur Klärung und Förderung einer Frage, die in hohem Grade das eingehendste Interesse aller Volksfreunde verdient, die in unserer einerseits an Notständen aller Art, andererseits aber auch an Willigkeit zum Helfen außerordentlich reichen Zeit eine befriedigende Lösung immer dringender fordert, und die keineswegs nur eine wirtschaftliche Frage ist, sondern auch eine sehr ernste sittliche Seite hat. Die gemachten Vorschläge werden allerdings nicht ohne weiteres für alle Verhältnisse und nicht für alle Fälle zutreffen, sie werden sich aber in ihrer Allgemeinheit leicht den verschiedenartigen Verhältnissen anpassen lassen. Niemals aber sind diese Vorschläge gedacht als Schablonen und tote Formen, sie wollen vielmehr erfaßt und angewandt werden im Geiste der helfenden Nächstenliebe und mit offenem Blick für das, was unserem Volke frommt.

Printed by Libri Plureos GmbH
in Hamburg, Germany